致奥辛、罗汉和奥伊弗。
　　　　　——〔英〕亚历克斯·贝洛斯

致桑尼、奥卢和G.G.。
　　　　　——〔英〕本·利特尔顿

为了卡兹、伊桑和史蒂夫。
　　　　　——〔英〕斯派克·格雷尔

图书在版编目（CIP）数据

足球如何影响世界/(英)亚历克斯·贝洛斯,(英)本·利特尔顿著;(英)斯派克·格雷尔绘;王凌宇译. --北京：中译出版社,2023.1（2023.6重印）
（足球学校）
书名原文: Football School Season 2:Where Football Explains the World:Saves
ISBN 978-7-5001-7121-8

Ⅰ. ①足… Ⅱ. ①亚… ②本… ③斯… ④王… Ⅲ. ①足球运动－儿童读物 Ⅳ. ①G843-49

中国版本图书馆CIP数据核字(2022)第114757号

审图号：GS京（2022）0378号
本书插图系原文原图

(著作权合同登记：图字 01-2022-2609)

FOOTBALL SCHOOL SEASON 2: Where Football Explains the World
Text copyright © 2017 by Alex Bellos and Ben Lyttleton
All rights reserved including the rights of reproduction in whole or in part in any form.
Illustrations © 2017 Spike Gerrell
Published by arrangement with Walker Books Limited, London SE11 5HJ.
All rights reserved. No part of this book may be reproduced, transmitted, broadcast or stored in an information retrieval system in any form or by any means, graphic, electronic or mechanical, including photocopying, taping and recording, without prior written permission from the publisher.
The simplifed Chinese translation copyrights © 2022 by China Translation and Publishing House
All rights reserved.

足球如何影响世界
ZUQIU RUHE YINGXIANG SHIJIE

著　　者：	[英]亚历克斯·贝洛斯　[英]本·利特尔顿
绘　　者：	[英]斯派克·格雷尔
译　　者：	王凌宇
策　　划：	中译童书
责任编辑：	张　猛
文字编辑：	胡婧尔
营销编辑：	王子超　张　猛
装帧设计：	Adam
排　　版：	北京七彩世纪
出版发行：	中译出版社
地　　址：	北京市西城区新街口外大街28号普天德胜大厦主楼4层
邮　　编：	100088
电　　话：	(010) 68359827，68359303（发行部）；(010) 68002876（编辑部）
电子邮箱：	book@ctph.com.cn
网　　址：	http://www.ctph.com.cn
印　　刷：	北京博海升彩色印刷有限公司
规　　格：	1100 mm×840 mm　1/32　　印　张：6.125　字　数：126千字
版　　次：	2023年1月第1版　　印　次：2023年6月第2次

ISBN 978-7-5001-7121-8　　定　价：36.00元

版权所有　侵权必究
中译出版社

FOOTBALL SCHOOL

足球学校

足球如何 ~~解释~~ 影响世界

[英]亚历克斯·贝洛斯 [英]本·利特尔顿 著
[英]斯派克·格雷尔 绘
王凌宇 译

中国出版集团
中译出版社

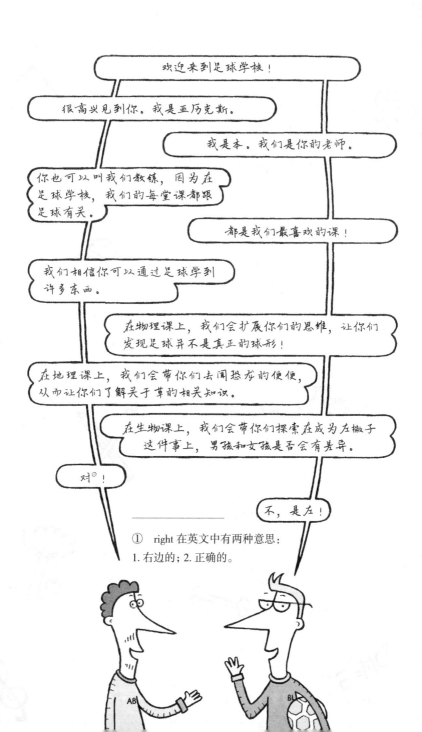

① right 在英文中有两种意思：1. 右边的；2. 正确的。

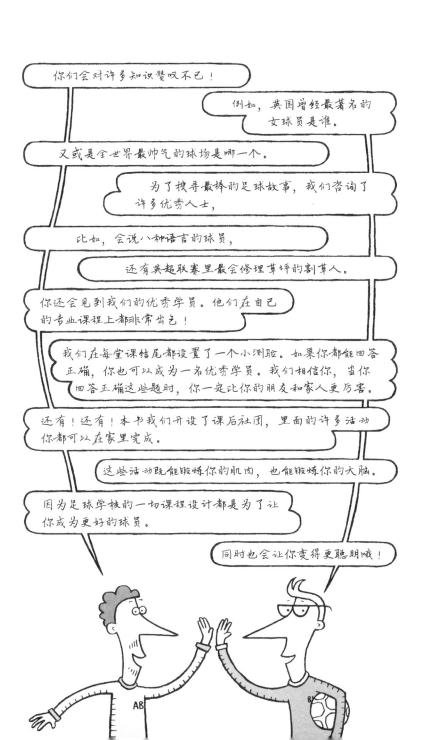

认识一下你的教练

亚历克斯·"贝洛尔多"·贝洛斯

☆☆☆ 教练档案

出生地：牛津

身高：约 1.72 米

头发颜色：黑色

最喜爱的数字：22

家的酷炫之处：从我的窗户就能看到温布利球场

最喜爱的科目：数学

上学时最喜欢的书：《霍比特人》

颠球纪录：22

最喜爱的球员：加林查（巴西）

最喜爱的球员发型：马鲁万·费莱尼骄傲的小卷发！

最喜爱的射门：阿奇·格米尔在 1978 年世界杯上帮助苏格兰打败荷兰的进球

足球梦想：中洛锡安哈茨队赢得欧冠

☆☆☆ 教练档案

出生地：伦敦

身高：约 1.83 米

头发颜色：棕色

最喜爱的数字：8

家的酷炫之处：我家街尾有个公园，可以在那里进行课余足球训练

最喜爱的科目：英语

上学时最喜欢的书：《金银岛》

颠球纪录：94

最喜爱的球员：乌斯曼·登贝莱（法国）

最喜爱的球员发型：20 世纪 90 年代英格兰球员克里斯·瓦德尔留的鲻鱼头（两侧头发较短，后面头发留长）

最喜爱的射门：安东尼·帕内恩卡在 1976 年欧冠比赛上踢出的勺子点球

足球梦想：能被英格兰队征召代表英格兰踢球

本。
"笔点球"。
利特尔顿

"裁判，罚点球！"

课程表

	星期一	星期二
点名		
第一节	个人健康与社会教育 10—21	历史 54—65
第二节		
第三节	现代语言学 22—39	地理 66—77
第四节		
午餐		
第五节	物理 40—51	影视研究 78—91
课后社团	脚 52—53	脑 92—93

你会和我们的优秀学员一样聪明吗?

星期三	星期四	星期五
上午 8:30—8:40		
设计与技术 94—109	生物 124—137	艺术 164—175
写作 110—121	数学 138—149	
下午 1:00—2:00		
平衡 122—123	心理学 150—161	商业研究 176—187
	健康 162—163	恢复 188—189

> 小测验的答案在192页。但不能作弊哦!

星期一

第一节 + 第二节
个人健康与社会教育

① 原文为 URINE，本意为"尿"，发音与 you are in 相近。
② 原文为 URINATE，本意为"撒尿"，发音与 you are in eight 相近。

大家好！足球学校的新学期开始啦，首先，我们要来揭秘每个赛季开始时，球员都会进行的一项臭气熏天的仪式。

职业球员必须向俱乐部提供一小管"最棒"的尿液！

你能想象那个场景吗？呕！

但这是真的。所有球员都要走到小便池旁，对着一个小试管里尿尿。他们会将这管温热的金黄液体交给队医，由队医检测。

尿液里大部分都是水，但其中还有少量其他成分。医生会对那些成分进行检测，看看球员是否存在某些健康问题，例如传染病、糖尿病或其他疾病。如果不用这种方法，这些问题很可能会被忽略。

在这堂课上，我们将带你探知尿液能告诉我们什么。我们会让你们了解人体的水循环系统：液体摄入，液体排出，以及液体流动。

这类知识是不是让你"如饥似渴"呢？出发吧！

水很有用

水，无色无味无臭。听起来是种非常无聊的液体！

但其实并非如此。水是我们赖以生存的东西。在我们的身体里，水无时无刻不在做着下述所有工作：

💧 让我们吃到胃里的食物变成糊状，这样它们才能顺利通过我们的消化系统

💧 帮助血液和营养成分在我们的体内循环

💧 调控我们的体温

💧 让我们的关节活动自如

💧 通过尿液排出我们体内的废物

水为我们做了许多至关重要的事情。实际上，水也是我们身体的重要组成部分，人体约60%的体重都是水的重量。人其实不是由血肉组成的，主要是水组成的！

一个健康的成年人在可以喝水的情况下，能够坚持一个月左右不吃食物。（我们不建议这种行为！）但是一个成年人不能三四天不喝水。人类要活下去，就必须要喝水。

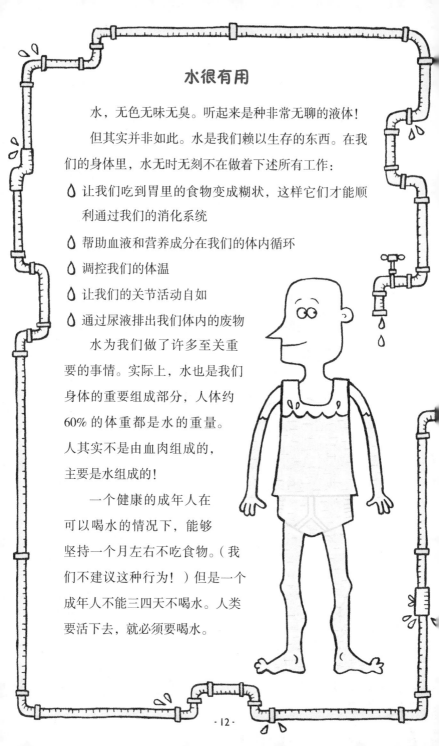

汗流浃背的工作

水通过食物和饮水进入我们的身体。

水通过尿液和汗水离开我们的身体,同时我们的屁和呼吸也会带走少量水分。尿的事情我们稍后再说,现在我们先来谈谈汗水。

我们的身体通过出汗来降低体温。当天气很热或是我们在运动的时候,我们的体温会上升,然后就会流汗。

汗水几乎全部都由水组成,里面还会有一点点盐分,这就是为什么汗水尝起来咸咸的。我们的皮肤表面有好几百万个**汗腺**,这些汗腺就是用来生成汗水的小管子。汗腺分泌出汗水后,汗水就会出现在皮肤外侧。一旦汗水出现在皮肤表面,它就会开始一种名为**蒸发**的过程,从而消失在空气中。汗水蒸发时会带走身体的热量,而当身体失去热量,体温就会下降。

我们身体越热,流的汗就越多。每个人的出汗量都会不同,这取决于个人体形和健康程度等因素。

运动员会大量出汗。足球运动员一场比赛会产生1到2升汗水,相当于4到8杯水。在非常炎热的夏季,球员的排汗量最多能达到4升,也就是16杯水,换句话说他们流的汗占了将近5%的体重。呼!

含水量高低

如果我们体内的水量刚好，那么我们就处于**含水**状态。如果我们因为大量出汗或是喝水量不够，导致体内水量太少，我们就处于**脱水状态**。

脱水永远都是不好的。它会导致你头痛、疲乏感增加、无法集中注意力，还会让你的心情变得非常差。其实你真该看看亚历克斯脱水的时候是什么样！

足球运动员会小心避免脱水，因为脱水会影响他们比赛。一位队医告诉我们，体内水量减少5%，就会导致球员表现下降20%。在球场上，脱水会导致：

⚽ 反应速度下降

⚽ 配合更差

⚽ 控制关节不灵活

⚽ 更容易抽筋和扭伤

为了确保自己的含水量正常，球员需要确保他们能及时补充因为出汗丧失的水量。这就是为什么通常比赛中断时，球员都在喝水。

小便

让我们回到另一种让身体失水的主要方式：通过产生尿液的**泌尿系统**。

泌尿系统中的两个重要器官是**肾脏**和**膀胱**。尽管我们只需要一个肾脏就可以维持正常生活，但人生来就有两个肾脏。**尿液**，也就是小便，会先在肾脏中形成，然后通过**输尿管**来到膀胱。当膀胱差不多被尿液充满时，大脑会提醒我们要去厕所。接着小便会通过**尿道**排出体外。

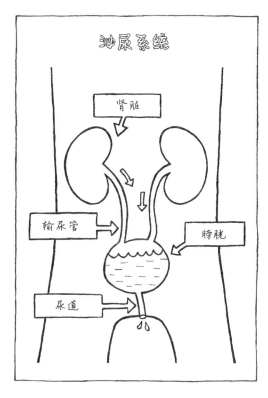

聪明的肾脏

肾脏会确保我们体内含有适量水分。

为了了解肾脏是如何做到这一点的,我们需要明白水进入口腔后的历程。水首先会流进胃,然后会进入小肠,在那里被血液吸收。

这时就轮到肾脏出场了。当血液通过肾脏时,肾脏会将血液过滤,提取出其中的水分和废弃物。这些水分和废弃的化学物质最终就会变成尿液。

不过我们的肾脏很聪明。如果人体正在脱水,那么被提取出来的水分就会被血液重新吸收。但如果人体水分充足,被提取出来的水分就会变成尿液,因为身体并不需要这部分水。

换句话说,肾脏会根据身体的含水情况决定产出多少尿液。聪明的肾脏!

尿液的颜色取决于肾脏提取出的水分多少。如果一个人体内水分充足,那么肾脏会排出大量水。尿液就会是浅黄色的,因为里面的废弃物被水冲淡了,或者说被**稀释**了。

但如果一个人处于脱水状态,肾脏就不会排出很多水,尿液就会变成深黄色,甚至可能变成橙棕色,这是因为废弃物的比例很高,或者说被**浓缩**了。

我的尿液怎么样？

我们在参观一家职业足球俱乐部时，发现厕所里有一张尿液颜色图。图上有许多种黄色，从浅黄到深黄。

球员可以用这张图来判断自己的尿液颜色。如果颜色比较浅，就说明他们体内水量适当。如果尿液颜色较深，就说明他们处于脱水状态，需要喝点水。

下回你去厕所，可以看看自己尿液的颜色。如果是浅黄色，说明你的饮水量够了。如果是深黄色，你这一天可能就要多喝点水了。而如果它是亮红色，那你很可能是吃甜菜根了。

饮用尿液？！

全世界有许多人会喝自己的尿液。他们之所以这么做，是因为他们觉得这样有益身体健康，甚至还有可能会治愈某些疾病，尽管这事并没有任何科学证据。著名的饮用尿液人士中有一位印度的总理，还有一位来自墨西哥的世界拳击冠军。出局！

尿还是不尿？

除了包含水和废弃物外，尿液还可以显示我们是否患有某些疾病或传染病，这就是为什么队医会检测球员的尿液。而如果足球运动员服用了违禁的**兴奋剂**，尿液中也会包含这类证据。

如果你吃了药，药物就会进入你的血液。肾脏会把它们从血液中提取出来，放进你的尿液中。你是瞒不住泌尿系统的。

正因如此，职业球员在受训时，或是在比赛刚结束后，常常会被要求提供一份尿样。然后"尿液警察"，也就是兴奋剂检查官（DCO），就会检查尿样内是否含有任何违禁成分。

当兴奋剂检查官向一名球员要尿样时，他必须要看着球员尿进试管中，这样他才能确信这是该名球员的新鲜尿液，而不是球员事先准备好的，或是从别人那拿来的。

但一些人觉得被人盯着就很难尿出来！由于球员需要尿出一定量的尿液，所以如果他们大量出汗，就得喝许多水来生成尿样，这也会导致有的球员出现呕吐症状，或是整夜都要尿尿。一名队医告诉我们，有时球员需要花好几个小时才能尿出来，这会让他们超级尴尬，因为这会导致全队的队员都不能回家。

谢谢爸爸

肾脏对我们的生活至关重要——所以还好我们有两个肾脏。如果一个肾脏无法运转，你还可以靠另一个继续生存。但如果两个肾脏都不工作了，你就需要进行**肾脏移植**，也就是从其他人身上取出一个健康的肾脏，将它放入你的身体。有时一个人的身体会接受那个新肾脏，于是他就能重新恢复健康。但人的身体有时会排斥新肾脏，在这种时候他就需要接受第二次移植。

2007年，克罗地亚前锋伊万·克拉什尼奇被确诊肾衰竭。他妈妈决定给他一个自己的肾脏，但那个肾脏被伊万的身体排斥了。随后他爸爸又给了他一个自己的肾脏，这次手术很成功。克拉什尼奇恢复得很好，并在2008年欧洲杯上为克罗地亚队进了两球，使得他成为首位参加重大赛事的肾脏移植病人。然而，令人难过的是，他爸爸的肾脏在2016年也无法正常工作了，现在克拉什尼奇正在等待第三位捐赠者。

小便球门

阿根廷守门员塞尔希奥·戈伊科切亚有在点球大战前尿尿的习惯。他会蹲在自己球门线后,顺着短裤尿在球场上。他第一次这么做是在1990年世界杯1/4决赛上,在那场对阵南斯拉夫的比赛中,他救下了两个点球,还有一个点球撞上了球门柱。几天之后,他又在对阵东道主意大利队的半决赛上做了同样的事情,这次他又救下了两个点球。"这是我的幸运魔法。"他说。

斯坦斯·P·利威

☆ 优秀学员

"想喝点吗?"

☆☆☆ 优秀学员 档案

最长小便时间:1分52秒
膀胱容量:700毫升
汗腺数量:200万
每日饮水量:1.5升
出生地:美国俄亥俄州尿尿溪镇
支持球队:沃特福德(爱尔兰)
最喜欢的球员:博伊·沃特曼
特技:全场运球

个人健康与社会教育小测验

1. 小便又叫什么?

a) 胆汁
b) 粪便
c) 黏液
d) 尿液

2. 身体的哪个部位没有汗腺?

a) 鼻子
b) 嘴唇
c) 耳朵
d) 手掌

3. 水的化学式是 H_2O,其中 H 和 O 分别代表什么?

a) 氢和氧
b) 河马和章鱼
c) 闷热潮湿和无所不在
d) 哈泽德和奥斯尔

4. 哪种食物会让你的小便气味很重?

a) 芦笋
b) 茄子
c) 牛油果
d) 甜菜根

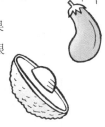

5. 下面哪句话是正确的?

a) 在古希腊,撒尿是一种竞技运动
b) 古罗马人用尿液美白牙齿
c) 古埃及人把尿液当作香水
d) 尿汤是一道古英国佳肴

星期一　　第三节＋第四节　现代语言学

每个人都会说足球语言。

如果你在假期时去到其他国家，完全可以和当地人来场足球赛，哪怕你们对彼此说的话完全听不懂。

事实上，同一个球队中的队员也可能听不懂对方在说什么。而且这种事情在职业足球中非常常见。顶级球队的球员常常来自不同国家，说不同的语言。有时两名球员可能不会说同一种语言。所以如果他们待在一起，例如吃晚餐时坐在彼此旁边，或是一起坐在候补席和球队大巴上，就完全无法用语言交流。如果教练使用的语言和队员们的不一致，他会让翻译把自己说的话翻译一遍，从而让球员明白他在说什么。（球员最终都会说一点当地话，可是学习新语言需要时间。）

在这堂课上，我们将会了解为什么世界上有这么多种不同的语言，以及这些语言是怎样被创造出来的。你还会了解巴西的鸡是怎么回事。

出发啦！Los geht's! Vamos! Allons-y!①

---

① Los geht's! Vamos! Allons-y! 分别为德语、西班牙语、法语，均意为"出发啦！"。

语言的变迁

大部分科学家认为，现代人类起源于 20 万年前的非洲大陆。这些早期人类对世界进行了许多探索。现在普遍的观点认为他们和他们的后代逐渐走出非洲，定居在世界各地。

我们最早的祖先很可能是通过哼唧和尖叫彼此交流。这些奇怪的声音孕育出了口语，和我们如今使用的文字系统很像。一种理论认为，最初所有人类都使用同一种语言，但随着他们走出非洲，前往世界各地，同一种语言就演变成了其他语言，随着时间推移，这些语言又会进一步改变，产生更多语言。语言永远都在改变，因为人们总会用新词代替旧词。而如果你在一种语言中加入了太多新词，它就会成为一种新语言！现在全世界共有大约 7000 种语言。

看看英语在过去几百年的改变，你就知道语言的变化是多么大了。下面是语言专家马克·福赛思最喜欢的几个英语单词，虽然如今人们已经不再使用这些词了，但我们很喜欢——亚历克斯总是在 fudgel！

旧词汇	时间与地点	意思
Fudgel	18 世纪，英格兰	假装自己在做事，实际上什么事情都没有做
Gongoozle	20 世纪 40 年代，英格兰	无聊地看着运河，什么也不做
Groke	19 世纪，苏格兰	盯着正在吃东西的人，期待他能给你一点吃的
Snollygoster	19 世纪，美国	不诚实的政治家
Wamblecropt	16 世纪，英格兰	被消化不良折磨得受不了

与此同时英语里也增加了许多新词汇，这些词你的曾曾曾祖父母一定都没听过：

新词汇	意思
Clickbait	用来吸引人们注意力，诱使人们点进去看的网站链接
Emoji	网络聊天时用来表达感情或想法的小图片
Olinguito	2013 年在南美洲发现的一种长得像浣熊的动物
Squee	一种尖叫声
YOLO	是"You Only Live Once"（你只活一次）的缩写，表示你要及时享乐，不需要考虑未来

听上去一样

欧洲地区所使用的主要语言差不多有40种,其中许多语言听起来非常类似。举例来说,由于法语、西班牙语、葡萄牙语、意大利语和罗马尼亚语都是从古罗马时代的拉丁语演变而来,所以这些语言中的许多词汇都很接近。另外,英语和德语之间也有许多相似之处,瑞典语、挪威语、丹麦语和冰岛语也是如此。

足球世界

Soccer
(美国)

本书插图系原书插图

地理位置比较接近的国家，通常会用相似的词语指代同一样东西。这是因为当人们住得比较近时，他们会相互分享和借鉴语言，正如他们会交易货物一样。以英文中表示足球的单词football为例，它第一次出现在英语中是大约500年前。但那时足球这项运动还不存在，所以football这个词指的是用脚"踢球形物体"。

然而到19世纪晚期，football指的就是我们如今热爱的这项运动了。随着这项运动在全世界流行起来，各国都开始谈论这项运动，并将football这个词引入他们的语言中。不过他们会根据本国语言的拼读规则对football进行一些小更改。

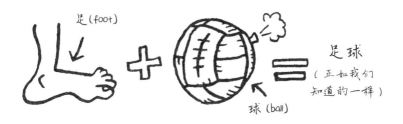

奇怪的"足球"

有些语言中的"足球"看起来和英语里的"football"一点也不像。以下是其中一些原因：

Calcio（意大利）：意大利语Calcio fiorentino表示的是一种激烈的球类运动，这种运动起源于16世纪意大利佛罗伦萨，每队会有27名球员。1893年,英国人在意大利成立了当地第一个足球俱乐部——热那亚,然而意大利当局并不希望用外来词"football"来命名这项运动,所以他们坚持使用Calcio这个词。Calcio源于意大利语calciare,意思是踢。如今佛罗伦萨还会有人在夏天进行Calcio fiorentino这项运动,只是现在人们将它称为calcio storico(传统足球)。

Nogomet(克罗地亚):这个词由两个克罗地亚语词汇组成,一个是noga(意思是脚),另一个是meta(意思是目标)。这个词是由语言学家斯拉夫科·鲁兹内·拉德米洛维奇在19世纪90年代末创造出来的。当时他正在萨格勒布一家蛋糕店里吃蛋糕,刚好透过窗户看见几个学生在公园里踢球。某段时间,nogomet这个词和football这个词是可以在克罗地亚交换使用的,但后来萨格勒布第一家足球俱乐部——普尼斯克成立时,在俱乐部名字里加入了nogomet这个词(而没有用football)。后来克罗地亚所有俱乐部都在名字里使用了nogomet这个词。

Soccer(美国):19世纪晚期,位于英格兰的拉格比公学发明了一种橄榄球运动,比赛时队员可以用脚踢球,也可以用手触球,人们将这种运动称为

拉格比足球。而另一种使用圆球的运动则被称为联合足球,由英格兰足球总会组织。于是表示拉格比足球的 Rugby,逐渐被人们简称为 rugger,而表示联合足球的 Association 则逐渐被人们称为 soccer。在英国,football 和 soccer 这两个词在很长一段时间内都可以交替使用,尽管人们很少使用 soccer。但在美国,人们仍然会用 soccer 表示足球,因为 football 在美国表示美式橄榄球。真是让人困惑!

Piłka nożna(波兰):足球在波兰语中的字面意思是"腿很长的球"。Piłka 的意思是球,nożna 则是一个形容词,原形是 noga,意思是腿。尽管并不准确,但这个词的确是模仿英语单词 football 而来的,它大概出现在 19 世纪初期。1929 年,波兰广播第一次播报足球比赛,从此以后,Piłka nożna 就被广泛运用起来了。

语言能力者

由于职业足球已经成为了一项国际运动,所以在一名球员的职业生涯中,他经常会去不同的国家踢球。有时俱乐部会为不懂当地语言的球员配备**翻译**,但通常球员需要学会说当地话。有些球员真的非常有语言天赋!

在同代球员中,语言能力最强的是克罗地亚中场伊万·拉基蒂奇。他不仅跟随巴塞罗那(简称巴萨)队赢得了西班牙足球甲级联赛(简称西甲)和欧洲冠军联赛(简称欧冠)的冠军,同时还能说8种语言。为了搞清楚他究竟是怎样学会了这么多语言,我们采访了他!

伊万——语言超级能力者

伊万,你是怎么学会这么多语言的?

我父母说克罗地亚语,而我从小在瑞士长大,那里本就是个多语言国家。我妻子是西班牙人,所以我们现在在家说西班牙语!沟通对一支球队来说很重要,所以我去一个俱乐部踢球,就总会想要学当地的语言,而且我会用队友的家乡话跟他们交流。

你最喜欢的词是什么?

Love / amor / ljubav / liebe / amour(爱)。

球员	会说几种语言	语言
伊万·拉基蒂奇（克罗地亚）	8	加泰罗尼亚语、克罗地亚语、英语、法语、德语、意大利语、西班牙语、瑞士德语
米克尔·阿尔特塔（西班牙）	7	巴斯克语、加泰罗尼亚语、英语、法语、意大利语、葡萄牙语、西班牙语
热尔松·费尔南德斯（瑞士）	7	英语、法语、德语、意大利语、葡萄牙语、西班牙语、瑞士德语
菲利佩·森德罗斯（瑞士）	7	英语、法语、德语、意大利语、塞尔维亚语、西班牙语、瑞士德语
克拉伦斯·西多夫（荷兰）	6	英语、荷兰语、意大利语、葡萄牙语、西班牙语、苏里南语

你在梦里说的是哪种语言？

> 所有语言的混合体！

你的队友会说你是"活字典"吗？

> 不会，但能用别人的母语跟他们交谈真的很棒。尤其是碰到那些刚来俱乐部的人时，跟他们说母语可以帮助他们更快地适应，也会让他们感觉更自在。

你退役后会当翻译吗？

> 我还要踢很多年球，所以目前我仍然专注在踢球这份职业上。但如果未来我不踢球了，我希望可以做一份需要国际化背景的工作。这份工作可能需要会说多门语言，而且会经常出差。

足球学校

词汇的美妙世界

每种语言都会有词汇来表示日常生活中的基本事物,例如手、桌子和太阳。但有些神奇的词汇只存在于某一种特定的语言中。下面就是一些我们最爱的词汇——要是英语里也有这些词就好了!

词汇	语言	区域	意思
Abanyawoih-warrgahmarnegan-jginjeng	比宁基衮沃克语	澳大利亚北部	我又给他们烧错肉了
Embasan	马京达瑙语	菲律宾	穿着衣服洗澡
Hanyauku	鲁凯王阿利语	纳米比亚	光脚走在温暖的沙子上
Ribuytibuy	蒙达里语	印度和孟加拉国	胖子走路时屁股摩擦的声音、景象或动作
Zhaghzhagh	波斯语	伊拉克	牙齿因为寒冷或是愤怒而打颤的声音

希望的语言

如果有球员觉得学外语很困难,这里有个小建议。学世界语吧!这种语言正是为了让人们容易学会才被创造出来的。

波兰医生拉扎鲁·路德维克·柴门霍夫在1887年发明了世界语。他想让不同国家的人们交流起来更容易,他认为这样人与人之间的相处就会更加和谐。他之所以称这种语言为"ESPERANTO",是因为这个词在世界语中的意思是"希望者"。

如今成千上万的人们都至少会说一点儿世界语。世界语甚至还有它自己的足球队,这支队伍由来自阿根廷、巴西、捷克、法国、匈牙利、尼泊尔、斯洛伐克、瑞士等国家和地区的球员组成,他们都会说世界语。

不同语言在描述足球赛场上的进展时,常常会用不同的词汇。下一页就是我们最喜欢的词典——ABCD(EFGH),它的全名是:Alex and Ben's Classroom Dictionary(Edition For Going on Holiday),意思是:亚历克斯和本的课堂词典(旅游版)。

亚历克斯和本的课堂词典

biscotto（意大利语中"饼干"的意思）

形容一场结果对双方都很有利的比赛，通常是指小组赛阶段两支队伍打成平局。这个术语源于赛马，指的是人们为了控制马奔跑的速度，会给它们吃混有违禁物质的饼干，从而改变比赛结果。☉

brilstand（荷兰语中"眼镜架"的意思）

指的是一场没有进球的比赛，因为0-0看上去很像眼镜。ＱＯ

cola de vaca（西班牙语中"牛尾巴"的意思）

指的是先停球，再改变方向的足球技巧。像利昂内尔·梅西和加雷思·贝尔这类技巧熟练的球员非常擅长做这个，他们通常会让球紧贴自己的脚背，将对方球员甩在身后。

Fahrstuhlmannschaft（德语中"电梯球队"的意思）

也就是英语中的"悠悠球球队"，指的是那些经常先被降级，然后又被升级的球队。ＱＯ

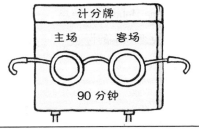

重点标识 | ☉ = **战术** | X = **失误** | 👋 = **技巧** | ＱＯ = **队伍形容**

(旅游版)

frango(巴西葡萄牙语中"鸡"的意思)

巴西足球中最常见的词语之一,指的是由于守门员的尴尬失误,导致对方进球。✘

jisatsu-ten(日语中"自杀得分"的意思)

指的是乌龙球,这个词源于古代日本的武士,也可称"侍"(samurai)。他们宁愿自尽,也不愿承受被敌人抓住或折磨的屈辱。球场上的每名球员都得对自己的行为负责,但就算他们越过自家守门员得分了,也不会真的死掉。

hancer un sombrero(西班牙语中"来做个帽子"的意思)

把球挑过对手头顶,然后自己再跑过去接住。

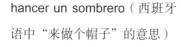

亚历克斯和本的课堂词典

korokoro（日语中"某物缓慢滚过地面的声音"的意思,举例来说,就像是将一台很重的独轮手推车推过田野,或是一颗橡子滚进一个池塘)

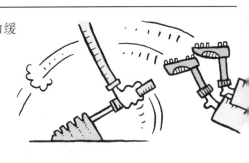

一个点球缓慢滚向球门角落,而守门员没有扑过去。⚽

lanterne rouge（法语中"红色灯笼"的意思)

指的是积分表最末的队伍,这个词源于法国火车的最后一节车厢,因为那节车厢背面会有一个红灯。德语中也有一样的术语:rote Laterne。〇〇

Notbremse（德语中"紧急刹车"的意思)

指的是一种专业犯规行为,一名球员故意犯规,破坏对手明显的进球机会。这种行为的惩罚是一张红牌。⚽

pipoqueiro（巴西葡萄牙语中"爆米花小贩"的意思)

指的是不愿冒险,在重大比赛上表现不佳的球员。〇〇

重点标识 | ⚽ = 战术 | X = 失误 | 👟 = 技巧 | 〇〇 = 队伍形容

(旅游版)

saut de grenouille（法语中"蛙跳"的意思）

形容球员用双脚夹住球跃过对手的腿。这个动作在南美洲被称为 Cuauhteminha，即布兰科蛙跳。命名原因是 1998 年墨西哥球员库奥特莫克·布兰科在对阵韩国的世界杯比赛上使用了这个技巧。

vuurpijl（荷兰语中"火箭"的意思）

一种消除危险的防守技巧，将球直接踢向空中，而不是踢向对方球门。

zona Cesarini

（意大利语中"一场比赛的最后几分钟"的意思）

是指伤停补时。这个词是以尤文图斯队雷纳托·切萨里尼命名的。1931 年意大利对阵匈牙利，他在最后关头射进了决胜球。一周后，国际安布罗西亚纳队也凭借最后一刻的进球击败罗马队，评论员因此提起切萨里尼以前的进球。于是 zona Cesarini 就有了很晚才踢入的球的意思。

语言小知识

* 今天全世界有约7000种口头语言。
* 每两周就有一种语言灭绝。
* 一种语言可以有11到144个区别性语音,英语中的区别性语音大约有44个。
* 格陵兰语中只有3个元音。
* 全世界共有121种不同的手语。

☆ **优秀学员**

"Guten Tag!" "Salaam!" "Bonjour!" "你好!" "¡Hola!" "Ciao!"

66 **Bonas paroli** 99

(世界语的"交流真好")

☆☆☆ **优秀学员 档案**

会说几种语言:23
能听懂几种语言:15
学会的手语:
能理解的手语:
出生地:英格兰查茨沃斯
支持球队:托奎联(英国)
最喜爱的球员:皮特尔·切赫
特技:口若悬河

现代语言小测验

1. 世界语 Esperanto 是什么意思?

   a) 我超级想去厕所
   b) 希望者
   c) 我喜欢踢足球
   d) 能说十种语言的人

2. 请将这个表情翻译成句子:

   a) 我刚拍了个苍蝇。
   b) 赞美上帝!
   c) 做得好!
   d) 我的手在漏水。

3. 西班牙中场胡安·马塔的名字在英语中的字面意思是什么?

   a) 约翰交朋友
   b) 约翰很重要
   c) 约翰杀疯了
   d) 约翰得分了

4. 如果用德语说你很 fernweh,说明你:

   a) 很想去很远的地方
   b) 吃了太多东西觉得太饱了
   c) 独自待在树林里
   d) 总是问很多问题

5. 意大利语"cucchiaio"可以用来形容从球门正中掉下的点球,它的字面意思是什么?

   a) 甜甜圈
   b) 礼物
   c) 勺子
   d) 弯曲的意面

星期一　　　　　　　第五节　物理

球是圆的，显而易见！

呃，不过也不完全对。专业的足球可没这么简单。首先它有四个部分：外面是**皮块**，里面有**内衬**和**气囊**，还有个叫阀门的小管子。（你可以把针管戳进阀门，然后用气筒给球打气。）

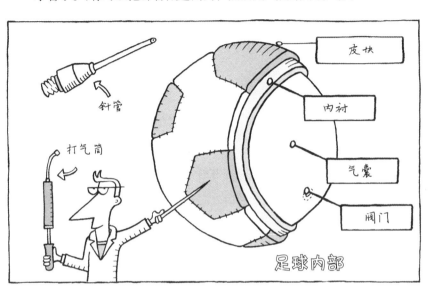

其次，虽然足球看上去像是圆的，但它并不是正圆形。足球表面其实非常不平整，皮块间有缝合线，外皮的纹理也很粗糙。

这堂课，我们会仔细观察足球的形状，了解人们为了提升踢球体验，在制造足球时做出了哪些改变。不过我们要先为你展示现代足球漫长的演变之路，看它们最初由猪膀胱制成的样子。那时人们会在猪膀胱内灌满水，球因此变得非常重，以致根本无法在 30 码 ①外射门成功。

小猪哼哼！水花四溅！

---

① 码是一种英美制长度单位，符号 yd。1 码等于 0.9144 米，30 码大约为 28 米。

足球聚焦

下面是一些足球趣味知识的概述。

猪会飞：最开始的足球都是用猪膀胱制成的。不错，就是那个装猪尿的器官！猪膀胱又轻又有弹性，非常适合来当足球，因为人们可以先给里面打满空气再把它系紧。之后这些膀胱外面会覆盖一层皮革，这样它们就能保持形状，不会在被踢的过程中爆裂。现存最古老的足球已有大约500年的历史。它是在苏格兰的斯特灵城堡中被发现的，当时人们在那个猪膀胱的外面缝制了一层奶牛皮。

足球的好年头：在19世纪中期，美国发明家查尔斯·古德伊尔发现了一种方法，可以将橡树中奶白色的乳胶转变成较硬的橡胶。1885年，他制造出了第一个橡胶足球：足球外部的橡胶皮块都通过缝合线粘好，内部则打满了空气。啵嘤！

讨价还价：1930年世界杯并没有所谓的官方足球。南美洲宿敌乌拉圭和阿根廷在决赛场上相遇，两队都想用自己的足球。为了平息争吵，国际足球联合会（简称国际足联）决定上半场比赛使用阿根廷队的足球（它比乌拉圭队的足球要轻一些），下半场比赛则用乌拉圭队的足球。上半场阿根廷队使用自己队的足球，以2∶1领先。但当乌拉圭队在下半场用上自己的球后，他们一共进了3个球，最终以4∶2赢得了比赛。看来足球至关重要！

染上颜色： 最初皮制足球的颜色都是棕色。到了20世纪50年代，人们开始将足球涂成白色，这样球迷们就能在泛光照亮的足球赛场上看到足球在哪儿。随后在20世纪60年代，为了让电视机前的球迷更方便辨认出球在哪儿，足球的颜色变成了黑白相间。现在英格兰足球超级联赛（简称英超）有3种足球：夏天的白色足球，冬天的亮黄色足球，以及下雪时的橙色足球。

重家伙： 早期足球是用针线缝合，人们会在球顶留一个开口给阀门，然后再用缝线把开口缝上。人们可以通过针线穿出来的小孔，把水灌进球里，这样足球就会变得更重，踢起来也更困难。随着阀门设计的进步，制造足球时就不需要用缝线了。（有些球类运动，如美式橄榄球，仍旧保留了缝合线的特征，因为这样球员用手扔球时会更方便。）如今专业足球表面的皮块都是通过加热黏合在一起，这样大大增强了足球的防水性。

湿球： 过去人们曾用奶牛皮来做足球的外皮，如今使用的是人工皮革，在拥有天然皮革触感的同时，防水性也更好。有些足球皮革的纹理比较粗糙，这样可以让足球表面的水分流走，球员踢球时产生的摩擦力也就更强。

皮块秀

足球的外皮是由一些相同的平整皮块组成。给足球充气后,这些皮块就会被撑大,变成一个圆球。下面是将皮块黏合在一起的3种主要方法,每种方法都依据了某种几何线形。

正方体

皮块数量: 6

说起来有点搞笑,一个圆球的形状依据竟然是正方体!但这是真的!2014年世界杯和2016年欧洲杯使用的足球都是用六块螺旋桨形皮块拼接而成,它的拼接方法和六个正方形拼成一个正方体的方法非常类似。

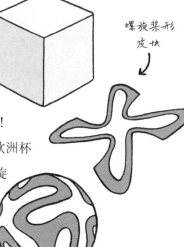

螺旋桨形皮块

十二面体

皮块数量: 12

十二面体由12个一模一样的五边形组成。2017—2018英超赛季使用的足球就是以十二面体为依据。

截角二十面体

皮块数量：32

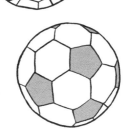

早在 2000 多年前，古希腊数学家阿基米德就曾研究过截角二十面体这个形状。但那时阿基米德研究它可不是为了踢足球！这个形状由 20 个六边形和 12 个五边形组成。1970 年世界杯就采用了这种形状的足球，此后这个设计也成了经典版式。

全球足球

这些是从 1970 年到 2014 年间世界杯采用的足球：

年份	举办国	足球名称
1970	墨西哥	电视之星
1974	联邦德国	电视之星
1978	阿根廷	探戈都拉斯特
1982	西班牙	探戈欧洲
1986	墨西哥	阿兹特克
1990	意大利	伊特鲁里亚
1994	美国	奎斯特拉
1998	法国	三色球
2002	韩国/日本	飞火流星
2006	德国	团队之星
2010	南非	普天同庆
2014	巴西	桑巴荣耀

1999 年女足世界杯使用了一种特别设计的足球，名字叫偶像。在那之后，女足世界杯的比赛用球分别是飞火流星（2003）、团队之星（2007）、快速细胞（2011）和团结 15（2015）。

足球训练营

职业球员各不相同,但专业足球必须全都一模一样。想象一下如果裁判拿出的比赛用球只有豌豆那么大,那比赛将会如何进行,或是如果那颗球的弹性像弹力球一样好,那又该怎么办。为了确保所有比赛用球都尽可能一模一样,国际足联要求所有足球都必须通过以下几项测试:

1. 大小(周长)

足球的**周长**必须在 68.5 厘米和 69.5 厘米之间(周长指的是足球一周的长度)。

测试:足球被放进一台机器中,那台机器通过测量 4500 个不同的点来判断足球周长。

2. 圆度（球状）

足球与完美球体的偏差不能超过 1.5%，完美球体是个专业术语，用来形容完美的圆形物体。

测试： 用来测量周长的机器也可以测量球有多圆。

3. 弹性（反弹）

足球从两米高的地方掉到钢板上后，它的反弹高度必须在 135 厘米与 155 厘米之间。

测试： 足球被放在一个扔球机器上，机器会测十次它的反弹高度。

4. 吸水性

足球不能吸收超过自身重量 10% 的水分。

测试： 足球被放进一个装满水的水箱中。一个机械的手臂会在水箱中挤压旋转这个球 250 次，随后人们会再称量球的重量。

5. 重量

足球的重量必须在 420 克到 445 克之间。

测试： 足球会被放置在一个无风的小房间里，被测三次重量。

6. 压力损失

足球之所以这么硬，是因为球内的空气会将球面往外撑。球内空气施加的这个力被称为气压。球内的气压在三天内不能降低超过 20%。

测试： 足球会被充气至标准气压，72 小时后球内气压会被再次测量。

7. 形状和大小保持能力

在被踢来踢去后，足球皮块的缝合处和空气阀门必须不能受到损害，足球周长不能产生大于 1.5% 的改变，圆度不能偏离超过 1.5%，还有气压不能改变超过 0.1 帕（帕是压强的单位）。

测试： 足球会先被进行初始测量，然后会被放在一台机器中，机器以每小时 50 千米的速度将足球向钢板撞击 2000 次，在这之后足球会被再次测量。

缝合线

好球"缝"出来

根据上文,我们知道球上的皮块可以是五边形、六边形或螺旋桨形。现在让我们来看看皮块之间的缝合线吧。这些缝合线可没看上去的那么简单!

缝合线可以让足球不要在球场上乱跑。下面请看我们的解释。体育运动中最光滑的球是乒乓球。如果你打过乒乓球的话,就会知道在你猛击球的时候,乒乓球会疯狂旋转。这是因为乒乓球的表面非常光滑,而球的表面越光滑,球路就越难预测。因此人们会故意将高尔夫球表面做出凹痕:当高尔夫球飞向空中时,这些凹痕可以让球不要乱摆。

对足球来说也是这样。完美的圆球对球员,尤其是守门员来说就是噩梦。因为一旦把球踢到空中,球员就很难控制它的球路了。缝合线可以让足球不要突然转向,偏离太远。2010 年世界杯时,球员曾抱怨每次用脚踢球或是用头顶球时,比赛的官方用球都会突然转向,无法预测。科学家研究后发现,这些球的缝合线比普通足球的缝合线更浅,因此会导致球路无法预测。啊哦!

了不起的球!

有项传统是,在比赛时上演帽子戏法的球员可以留着那场比赛的球。但如果不止一名球员踢进了 3 个球怎么办?这种情况下,比赛的球归第一个完成帽子戏法的球员所有。曼城球员保罗·斯图尔特和大卫·怀特就曾有过这样的遗憾。1987 年,曼城以 10∶1 击败哈德斯菲尔德。斯图尔特和怀特都在比赛上演了帽子戏法,但除了他们俩还有一名球员托尼·阿德科克也进了 3 个球,而且进得比他们更早。最终阿德科克在别人拿走那个比赛足球放进俱乐部的荣誉室前,自己先把球带走了。

☆ 优秀学员

伦德布·迪里半

"回头见!"

☆☆ 优秀学员 档案

最喜欢的数字:0
酒窝个数:12
维度:3
最高颠球成绩:12 000
出生地:古巴
支持球队:巴利米纳联(北爱尔兰)
最喜爱的球员:凯文·鲍尔
特技:非常擅长判断角度

物理小测验

1. 足球在过去很多年里都是用猪的哪个部位做的?

   a) 胃
   b) 蹄子
   c) 臀部
   d) 膀胱

2. 在每场专业比赛开始前,裁判都会对足球做什么?

   a) 站在足球上面,确保它不会爆开
   b) 作为一种仪式亲吻足球
   c) 检查足球的气压,确保它处于正常水平
   d) 闻一闻足球

3. 在2009年利物浦对阵桑德兰的比赛中,当一名利物浦球迷向球场上扔了一个红色的沙滩球后,发生了什么?

   a) 一位利物浦球员用头将球顶进了桑德兰的球门
   b) 球员们开始即兴打起了排球
   c) 桑德兰前锋进球得分,因为真的足球撞到沙滩球后弹开,穿过了利物浦守门员的防守
   d) 一位身穿红色游泳裤,头戴太阳帽的球迷冲出来夺回了那个沙滩球

4. 2016年欧洲杯,在瑞士对阵法国的比赛中,当瑞士中场瓦伦·贝赫拉米抢断法国球员安托万·格列兹曼时,什么事情发生了?

   a) 足球爆开了
   b) 足球飞向贝赫拉米的脸,把他撞晕了
   c) 贝赫拉米把球藏在了球衣里
   d) 足球粘在了他的球鞋上

5. 2016—2017赛季英超使用的耐克足球叫什么?

   a) 威望
   b) 催化
   c) 偶蹄目
   d) 进攻

课后社团
脚

首先练脚

足球是用脚踢的。因此如果你想擅长踢足球,就必须好好照顾你的双脚。这可不是说只要脚不臭就行了!你用来踢球的双脚必须很强壮,因为当你跑动的时候,双脚就像杠杆一样,将你整个身体的重量往前推。当你接到一个球,开始控球时,你的脚就会变成灵活的减震器。在本周第一次课后社团活动中,我们有4个关于脚和脚踝的练习,可以帮助你强健双脚。这些练习你在卧室就能做,所以可别找借口偷懒。现在开始,全力以赴!

练习1:平衡木练习

单脚站立在平地上,提起另一条腿的膝盖,弯曲10秒。为了帮助自己集中注意力,你可以盯住墙上一个固定的点。你的双臂应该放在臀部或是两侧。然后闭上你的双眼,继续这个动作。接下来换一条腿练习。随着你练得越来越好,你可以将站立的地方从平地换成沙发垫,再换成会摇晃的东西。而且你还可以尝试保持30秒平衡。

有益于:肌肉强化和大脑训练

难度指数:1/4

练习2: 脚跟磨练

踮脚站立。保持5秒,然后降低你的脚跟。重复5次。

有益于:强健腿后侧和脚后跟的肌肉

难度指数:2/4

真扫兴

练习3: 屁股碰脚踝

光脚站立,双脚并拢,然后蹲下来,让屁股碰到你的脚踝。初期保持蹲坐10秒,然后慢慢增加到30秒。

有益于:需要强壮脚踝的移动灵活性

难度指数:3/4

练习4: 抬起脚趾

脱掉你的鞋子和袜子,把你的大脚趾放在地上,然后将其他几个脚趾抬起。不许用手!这可以帮助拉伸和弯曲你的韧带。一开始可以拉伸10秒,然后慢慢增加至30秒。不要忘记换脚练习。

有益于:推动你快速冲刺

难度指数:4/4

提示! 只做让你觉得舒服的练习。不要超出上文所说的练习时间,否则你可能会受伤。

星期二　第一节＋第二节　历史

① 原文"Was it full of dates"中的 date 既可表示枣子,也可表示日期。

如今女孩也会在学校踢足球,梦想成为职业球员,并有机会赢得世界杯。

像美国、法国、德国和瑞典等国家都有职业女子联赛。但事情并非一向如此。直到 19 世纪晚期,球员中几乎没有女性。

这就是为什么 1894 年内蒂·霍尼巴尔会在报纸上登广告,号召女性加入她成立的英国女子足球俱乐部。你可能会想,霍尼巴尔(Honeyball)这个名字里本身就带有球字(ball),所以她注定就会热爱这项运动!但这其实不是她的真名。她之所以想要隐藏自己的真实身份,很可能是因为成立女子足球队的想法在当时会引起非议。

英国女子足球俱乐部只存活了几年。但 20 年后,女足成了一种现象!在这堂课上,我们将会走进这段历史,看看女足比男足更加流行的岁月。那时英国女性正在强烈要求和男性拥有同等机会。在足球学校,我们认为女孩和男孩都应该有同等机会——无论是在球场上,还是在球场外。

足球工厂

1914年,第一次世界大战开始。英国和法国一起与德国开战。在接下去的几年间,几百万英国男性被派往法国打仗。很快,英国就没有足够的男性可以参与工作,尤其是体力工作了。在过去,人们认为女性就应该在家相夫教子,做做家务,例如洗衣做饭。但是在战争期间,女性走出家门,承接过了一些新责任,例如:

- ⚽ 送信
- ⚽ 工厂做工
- ⚽ 种地
- ⚽ 捕鱼
- ⚽ 制造武器
- ⚽ 在男校教书

第一次世界大战期间,一间名为迪克·克尔的工厂雇用了大量女性。这间工厂位于兰开夏,由W·B·迪克和约翰·克尔所有。这间工厂原先主要是制造电车,但在战争期间他们转而开始生产炸弹和弹药。这种男女混合工作的现象对每个人来说都很新鲜,而且它还产生了意想不到的结果:1917年的某天,男工向女工发起了一场足球挑战赛。

在当时，女性参加足球赛是个异乎寻常的想法，因为女性根本就不踢足球。但由于战争期间女性已经在和男性做一样的工作了，所以女性参与到足球运动中来也就很合理了。

这场比赛让女工们体会到了许多乐趣，所以她们决定继续一起踢球。不久，她们组织了一场慈善足球赛，来为当地照料伤兵的医院募款。她们希望和一个女足球队比拼，所以询问了附近另一间工厂的一些女工。

比赛时间是 1917 年圣诞节，自称为"迪克·克尔女子"的球队对阵阿伦德尔库塔工厂。比赛场地是迪普戴尔球场，那是当地职业球队普雷斯顿北区的主场。由于战争，这个球场一直处于无人使用的状态。最终比赛获得了巨大成功。大约有 10 000 名观众来球场观看了这场比赛，她们也为医院筹集了许多钱。

女子比赛

那场比赛激起了一阵女子足球的热潮。迪克·克尔女子队开始去其他地方踢更多比赛。她们吸引了全国各地成千上万的观众。其他女子足球队也纷纷成立。工厂负责人都很希望女工们去踢球,因为这可以振奋员工的精神,而且这个娱乐活动既健康又便宜。

哪怕第一次世界大战在1918年11月11日结束了,这股女子足球的热潮还是延续着。迪克·克尔女子队变得非常知名,她们是全国最优秀的球队,几乎不会输。她们的比赛总有很多观众,1919年迪克·克尔女子队在客场对阵纽卡斯尔联女子队,现场观众有35 000名之多!

迪克·克尔队和男子球队一样,所有球员都会穿同样的装备——足球鞋、长袜、短裤、黑白竖条的球衣,她们还会戴条纹帽遮住头发。这些女球员迅速成了名人,也给万千女性带来了鼓舞。

1920年节礼日,迪克·克尔女子队在利物浦的古迪逊公园球场对阵宿敌圣海伦斯女子队。球场内挤满了53 000多名球迷,场外还有约14 000球迷无法进来。利物浦有史以来第一次有这么多人群聚集,球员们在警察的护卫下才得以进入更衣室。

在那时，迪克·克尔女子队就像真正的职业球队一样有比赛日程，平均每周两场球赛，每年有 9 个月在踢球。1920 年，迪克·克尔女子队与法国队在迪普戴尔球场进行了第一场女足国际赛，当时现场共有 25 000 名球迷。后来她们又在这年去了法国进行比赛。光是 1921 年这一年，她们踢了 67 场比赛。

但她们仍然不是职业球员，踢球所得的钱只供比赛花费。为了拿工资，这些女性必须每周在工厂工作 5 天，如果周中有比赛，她们甚至需要换班。她们是全国工作最努力的球员！

球场禁令

你可能认为英格兰足球总会对女足的成功会非常欢迎，尤其是她们踢比赛是为了做慈善。但事实上足球总会一点儿都不喜欢女足。1919 年战争结束后，男子足球职业联赛就恢复了，但女子比赛却比男子比赛吸引的观众人数更多。

在 1921 年末，足球总会通过了一条规定，要求俱乐部不能为女子足球赛提供球场。"协会认为有必要强调，足球运动很不适合女性，所以女子足球不应该被鼓励。"规定里这样写道。这条规定对女足造成了毁灭性的打击，直接导致女子足球队没有像样的场地踢球。哪怕像迪克·克尔女子这样的球队还在继续踢球，也只有少量粉丝会去观看，而且她们很快就被大众遗忘了。

尽管有禁令存在，但迪克·克尔女子队仍然在 1922 年去美

国访问,并在将近万名观众前踢球。当时有个报纸这样写道:

> 迄今为止访问美国的足球队中,迪克·克尔女子队是最重要的队伍之一。

直到1971年,足球总会才取消了这条禁令,允许俱乐部让女性踢球。从那时起,女足又重新焕发了生机,并在1991年举办了首届女足世界杯。

神奇女侠

迪克·克尔女子队之所以几乎没输过比赛,是因为她们拥有当时最优秀的球员。丽丽·帕尔来自默西赛德的圣海伦斯市,她的足球是跟哥哥学的。她在14岁时就以边锋的身份加入了迪克·克尔女子队,而且首个赛季就打进了43个球!帕尔以充满力量和攻击性的踢球风格著称。她身高约1.83米,远远高过她的队友。据称,她曾经有一次踢球踢得很猛,以至于男守门员原本试图把球接住,结果胳膊却被撞断了。

足球总会的禁令颁布后,帕尔依然为迪克·克尔女子队踢球。后来球队将名字改成了普勒斯顿女子队,她也仍旧为球队效力,直至1951年退役。在整个职业生涯中，她一共踢进了超过 900 个球。帕尔被认为是有史以来最优秀的女子足球运动员。2002 年，她成为首位入选英格兰足球名人堂的女性，这间名人堂位于英国足球博物馆内。

与丽丽同辉

我们认为下面这 3 位女球员和丽丽·帕尔一样，也是有史以来最优秀的球员：

米娅·哈姆（美国）

这位前锋在年仅 15 岁时就为美国队献出了首秀。在为国家队踢的 275 场球中，她一共踢进了 158 个球。她赢过两次世界杯和两枚奥运会金牌。哈姆是美国球队洛杉矶队的联合持有人之一，也是意大利罗马俱乐部的董事会成员之一。

玛塔（巴西）

这位巴西前锋曾连续 5 年（2006—2010）当选国际足联年度最佳球员，是女足世界杯一直以来的射手王。她为巴西队踢的所有比赛平均下来，每场至少会有一个进球，而且她已经踢了超过 100 场比赛。

孙雯（中国）

这位前中国女子足球队队长曾带领球队赢得过 4 次亚洲杯的冠军，参加过 4 次世界杯和两次奥运会，还被评为国际足联 20 世纪最佳女子球员。她在 1999 年女足世界杯中，凭借着出色的射门技巧，踢进了 7 球的好成绩，并赢得了世界杯金靴奖和金球奖。

为女性投票

当迪克·克尔女子队开始踢足球时,她们证明了一件事,那就是:过去认为只有男性能做的事情,女性也可以做。在那个历史时期,男性和女性在社会上的角色分工非常不同。女性通常会被认为是只能在家中照顾家人的角色,只能整日待在家中而不是出去工作。她们在家中相夫教子,确保家里一切安好就可以,而男性则会整日外出挣钱。

但当时男性和女性在角色和地位上还有其他不同之处。或许最有争议的差别就是:只有男性可以参加**普选**——英国当时正是通过普选的方式来选举首相。

在第一次世界大战开始之前，一些女性因为自己不被允许参加普选而非常生气，所以她们开始为争取选举权举办各种社会运动。1903年，埃米琳·潘克赫斯特成立了名为英国妇女社会政治同盟的组织，当时还有其他类似组织也在积极活动。组织这些运动的积极分子被称为妇女参政权论者，而参政权指的就是参与投票选举的权利。

1914年一战开始后，大部分妇女参政权论者为了保障获得战争胜利，停止了她们的社会运动。就在一战结束的1918年，英国政府赋予了30岁以上女性参与选举的权利，部分原因是为了感谢战争期间女性承担了男性的角色，为战争胜利起到了至关重要的作用。10年之后，也就是1928年，英国政府将女性的投票年龄降低到了21岁，和当时男性的投票年龄保持了一致。从那时起，英国的男性和女性都有了同样的投票权利。

她是老大

如今全世界超过 50 个国家曾有女性当选国家领导人,包括:

国家	领导人	职位	时间
阿根廷	克里斯蒂娜·基什内尔	总统	2007—2015
澳大利亚	茱莉亚·吉拉德	总理	2010—2013
巴西	迪尔玛·罗塞夫	总统	2011—2016
德国	安格拉·默克尔	总理	2005—2021
印度	英迪拉·甘地	总理	1966—1977 1980—1984
英国	玛格丽特·撒切尔	首相	1979—1990
英国	特雷莎·梅	首相	2016—2019

☆ 优秀学员 ☆ 档案

获得选票数:1 200 万
姐妹数:4
条纹帽数量:22
听从男性的命令数:0
出生地:法国锡斯特龙
支持球队:自由职业运动员(加纳)
最喜爱的裁判:格拉汉姆·波尔
特技:总是在团队投票中获胜

历史小测验

1. **为什么在一战期间,女性会开始做许多先前由男性做的工作?**

a) 因为女性比男性更厉害
b) 因为许多男性加入军队去打仗了
c) 因为男性希望在工作中获得陪伴
d) 因为女性的考试成绩更好

2. **如果你踢足球却不能靠这个赚钱,请问你是哪种球员?**

a) 垃圾
b) 半职业
c) 贫穷
d) 业余

3. **什么是铸造厂?**

a) 铸造金属的工厂
b) 使用路边材料的工厂
c) 你去烘干衣服的地方
d) 一家卖芝士的商店

4. **谁是妇女参政权论者?**

a) 为获得选举投票权而积极活动的女性
b) 来自萨福克的女性球迷
c) 失败球队的女性支持者
d) 一个女子乐队

5. **哪支球队赢得女足世界杯的次数最多?**

a) 德国
b) 日本
c) 挪威
d) 美国

早的球场规则写于 1863 年，从那时起，球场在很多方面都发生了改变：

- 过去球场的最大长度是 183 米，如今是 105 米。
- 最初球场上并没有标识指明罚球点、罚球区、罚球弧、中线和中圈。
- 一开始球门就只有两根直立的门柱。然后人们在两根门柱间挂了根带子。接着球门上有了横杆。随后为了避免对进球的争议，人们在球门后增加了球网。

不过球场上有一样东西始终保持一致：球场的表面。足球一直都是在草地上踢的。

在这堂课上，我们将会探究为什么草是世界上最令人惊异的植物之一。草不仅对足球和其他许多运动来说非常重要，它还改变了文明的进程。

野草生长吧！

草即经典

草是最古老的植物之一。科学家认为,大约一亿年前,草就开始在地球上四处生长了。科学家曾在恐龙的粪便化石中发现了5种不同的草,因此他们判断草与恐龙曾处于同一时代。这工作可有点臭!

- 所有草都有一些相似特征。它们都有中空的茎,而且通常会有又长又细,且不易弯曲的叶子或叶片。有些草叶非常锋利,甚至能划破人的皮肤。
- 草的种类繁多。全世界大约有 10 000 种不同的草,其中既有我们用来做草坪的矮草,也有可以长得比房子还高的长草。
- 草很长寿。有些种类的草可以存活好几百年。
- 草非常多变,它几乎可以在地球上的任何环境中生存,包括炎热的沙漠、雨林,或是寒冷的山上。
- 哪里都有草!你在世界上的每块大陆都能发现草的身影,甚至南极洲也有。事实上,全世界 40% 的陆地都有草覆盖。

食草狂热

在我们吃的食物中,有些最常见的就是草,例如小麦、玉米、大米和燕麦。我们会吃这些草的种子,也就是所谓的**谷物**。事实上,当人类发现自己可以种植作物、以谷物为食后,我们就开始停止采集狩猎的生活,不再四处奔波寻找食物了。我们变成了农民,在同一块地方照料我们的田地,储备全年的粮食。这是乡村的起源,随后乡村又发展为了城镇,进而变成了城市。

像奶牛、绵羊、马和鹿这些动物也都是食草动物。实际上我们用来形容这些动物进食方式的英文词"graze",本意就是指吃草。

这说明草从两方面来说都对人类很重要。首先,我们本身就会吃草;其次,我们还会吃一些食草动物。这个食草动物(例如奶牛)吃植物(例如草),肉食或杂食动物(例如人类)吃草食动物的过程叫作**食物链**。

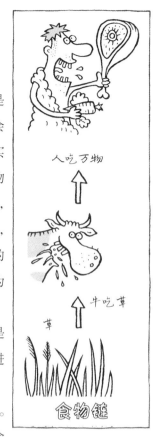

人吃万物
↑
牛吃草
↑
草

食物链

一草多用

面包由小麦制成,小麦就是一种"草"。糖由甘蔗而来,甘蔗也是一种"草"。所以如果你一边吃三明治、喝橙汁,一边看足球赛的话,你就在同时吃着、喝着、看着草。

一个男人去割……

草不是只能用来吃的。当草变成草坪，它就成了人类花园的重要部分。本很喜欢在周末修剪草坪，尽管他总修剪得歪歪扭扭的，亚历克斯修的草坪就直多了！最初草坪是指长在英格兰城堡周围的草地，这些草坪都比较低矮，要么是被牛群吃的，要么是被工人用锋利的大镰刀修剪的。这些草必须要很矮，这样一旦敌人靠近城堡，就会立刻被发现。

到19世纪，在房子周围有一片草坪就成了财富的象征，因为你必须要请得起工人用镰刀打理它。用大镰刀割草是个又慢又累的活，所以一块大草坪会需要一帮能用大镰刀的男人。昂贵！

多亏了埃德温·比尔德·巴丁，这一切都改变了。巴丁是个发明家。一家服装厂请他想办法除去士兵制服上那些一簇簇的毛边，于是他发明了一台带有旋转装置的机器，可以剪掉那些毛边。巴丁发现这个发明也可以用在草坪上，于是在1830年发明出了一台割草机。割草机的出现，让打理草坪变得更便宜和更简单了。巴丁割草机也变成了畅销产品，永远改变了我们的花园。

……去割草

球迷在切尔西比赛中唱得最响亮的歌是首童谣,叫作《一个男人去割草》。球迷认为最先引进这首歌的是一个叫作米奇·格林纳威的切尔西球迷,因为1981年切尔西在瑞典参加一场友谊赛时,这个球迷在现场播放了这首童谣的磁带。当时所有切尔西球迷都跟着一起唱,最终这首歌被带回了斯坦福桥球场。

运动植物

草和其他植物不同,因为它的叶子是从茎干根部开始长的。这意味着就算它的顶部被吃掉了,或是被践踏了,它依旧可以生长。正是这种韧性让它和足球场非常匹配。和其他植物不同的是,它就算被踩了也不会死掉。

有些草的叶片十分锋利,另一些草的叶片则较为柔软。柔软的草对运动比赛来说非常合适,因为运动员摔倒的时候,这些草可以起到软垫的作用。而且最好的人工草皮也无法像精心打理的草坪一样柔软。

草皮战争

和英格兰城堡主一样,足球俱乐部也会雇人打理草坪。球场的草坪需要人们特别照料,才能保持最佳状态。为了能够深入了解这方面的知识,我们拜访了一家声名远播的俱乐部,并找到了那位帮助打理草坪的人。

当莱斯特城在2015—2016赛季获得英超冠军时,所有人都非常惊讶。不过这并不是该赛季他们赢得的唯一一座奖杯:由于他们的皇权球场和训练场的草坪极其出色,他们赢得了年度职业足球最佳场地。我们可以想像俱乐部拿奖时的欣喜盛况!草坪管理团队为了庆祝这个奖项,在赛季最后一天将球场上的草坪修剪成了许多颗钻石的形状,而且每颗钻石里都有一颗星星。这是一个完美的对称图像,他们以一种令人印象深刻的方式庆祝了狐狸城本赛季的双重胜利。"这就像在画一张超大的连点画。"草坪管理团队的负责人约翰·莱德维奇这样告诉我们。

莱斯特城因为新颖的球场图案而在足球界变得很知名。2016年11月的英国国殇纪念日,他们在

球场上修剪出了一只小狗的图案。但当时球队以 1∶2 的分数输掉了比赛,所以他们现在可能也不想记住这件事了!

莱德维奇原想在欧洲冠军联赛(简称欧冠)比赛前,用草坪在球场中圈画出比赛专用球的图片,但这个想法被负责欧冠的欧洲足联禁止了。他们说欧冠联赛的草坪必须要理成直线。莱德维奇总会有许多稀奇古怪的设计想法。如果我们好好拜托他,他说不定会在我们的球场上理出一个足球学校的徽章。

绿手指

莱德维奇的特长是绘制图案,尽管草只有一种颜色:绿色,他也可以通过从不同的方向割草,来获得深浅不同的绿色。如果逆着草弯曲的方向割草,草坪颜色就会显得更浅,而顺着草弯曲的方向割草,草坪颜色就会更深。莱德维奇还可以用压草机来产生不同绿色之间的明暗对比,压草机可以把草压得更平。"虽然我们只有深绿和浅绿这两种颜色,但我们想尽可能地在这个框架下发挥创意。"他说,"我们其实都是疯狂的科学家!"

为了打造完美的球场，莱德维奇每天都会把一根叫作湿度探测器的棍子伸到地表以下15厘米左右的位置，来检查草坪的湿度水平。那个探测器上装有感应装置，能够告诉他今天草坪需要多少水量。换句话说，他就是在问草坪究竟有多渴。

每周他也会取一些土壤样本，检查土壤中的营养水平。他这样就是在问草坪有多"饿"！莱德维奇随后会根据发现的结果，制造出一种特别混合养料喷洒在草坪上。

和球员一样，草坪在夏天时需要更多水来保湿，在冬天时则需要**营养元素**（例如铁和钾）来让它更加健壮。莱德维奇还会向草坪喷洒液化的糖和海藻，来维持草坪健康。很显然，曼彻斯特城（简称曼城）会向自己的草坪喷大蒜液，吸血鬼要是在那儿踢球可就惨了！

莱德维奇关于草坪的重要小知识

完美球场

我们看到的只是球场表面的草,但在地下还发生着这些事情:

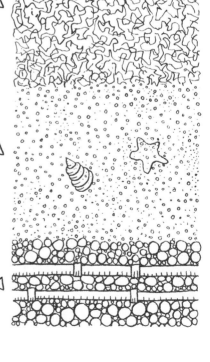

草
25毫米
可以在上面
踢足球!

人造草
180毫米
将合成纤维制成的假草混入
泥土和沙石之中,这有助于
加固草的根系。

纯沙石
200毫米
用来排水和预防积水,因为
水会顺着草地向根部流动。

沙砾层
放置排水管道的地方,
用来排走积水。

你的花园长势如何？

球场或运动场上的草坪高度，取决于你想在上面做什么运动。举例来说，在英式橄榄球比赛中，球不会碰到地面，所以草的高度可以比其他比赛的更高。而有些运动需要的草坪甚至会比英式橄榄球更高：

运动场地	草的高度（毫米）
板球场	0
高尔夫球场	2—3
草地滚球场	4.5
网球场	8—12
足球场	25—30
英式橄榄球场	30—50
赛马场	60+

☆ 优秀学员

尔摩·园治

"要想夺第一，头上长点草！"

☆☆☆ 优秀学员 档案

头发厚度：50毫米
每日饮水量：4升
刀片旋转功率：100瓦
最多连续唱了多少遍《一个男人去割草》：84遍
出生地：法国格拉斯
支持球队：苏黎世草蜢足球俱乐部（瑞士）
最喜爱的球员：罗伯特·格林
特技：漂亮地裁剪

地理小测验

1. 切尔西球迷会唱哪首跟草有关的歌？

a)《绿草如茵的家园》
b)《一个男人去割草》
c)《绿草四处生长》
d)《草是如何生长的？》

2. 为什么草是绿色的？

a) 它不是绿的，它是蓝的！
b) 每天晚上阳光都会把草染绿
c) 这样蚱蜢就可以在草地上跳来跳去，还不会被发现
d) 草会生成一种叫作叶绿素的成分，这种成分会反射绿光

3. 狐狸吃老鼠，老鼠吃蜘蛛，蜘蛛吃苍蝇，苍蝇吃腐烂的植物。在这条食物链中，吃狐狸的会吃谁？

a) 鸭嘴兽
b) 苍蝇
c) 独角兽
d) 熊

4. 哪个国家的联赛在2016年颁布了一条规则，要求球场的草坪需要变得更绿，从而吸引更多球迷和赞助商？

a) 西班牙
b) 俄罗斯
c) 中国
d) 格陵兰

5. 2012年，英格兰乙级俱乐部森林绿流浪者开始使用一台割草机，请问这台割草机有什么特别之处？

a) 这台割草机是球员匆匆忙忙造出来的
b) 这台割草机是太阳能的，并由一个机器人操作
c) 他们雇了俱乐部领队的8岁儿子来修剪草坪
d) 这台割草机可以同时绘制场地标志

星期二　　　第五节　影视研究

① 表示镜头的 shot，在英文中还有进球的意思。

什么团队通常会在比赛前一天就抵达球场？

电视台摄制组！

当我们坐在电视机前看一场大型足球比赛时，我们可不想错过任何重要时刻。我们既想从不同的角度观看每一个进球，也想要看球员和领队的面部特写，还想看到整支队伍的全景场面。电视台摄制组要忙的事情可不少！

事实上，一场 90 分钟的电视比赛和你在电影院看的一部 90 分钟的电影有许多相似之处。它们都有许多让人目不暇接的画面，都有绚烂的色彩和高清晰度，而且它们都需要大量技术准备。

在今天这堂课上，我们将会学习电视台是如何录制足球比赛的。

灯光！摄像！开机！

多么庞大的装备

电视台要想录制一场足球赛,需要以下这些基本装备:

- 电视摄像机
- 电缆
- 电视屏幕
- 电脑
- 一辆货车

一辆货车?!对!你很快就会知道这是为什么。

摄制组一般会有30人左右,通常他们会在比赛前一天带着所有摄像机、电缆、电脑抵达球场。团队中还会包括搭建设备的**装配工**,以及一帮确保一切顺利进行的技术专家。

是的,那些电视摄像机并不归俱乐部所有,也不是一直都在球场里。每场比赛前,电视台都要一件一件重新把这些设备组装起来。

装配工会将摄像机放在球场四周的正确位置。然后他们会用电缆把每台摄像机和停在球场停车场里的货车联网。那台货车会

变成一个电视演播室,技术团队会在那里使用屏幕和电脑,掌控整场比赛在电视上的**播送**。

所有装备的搭建和检查至少需要 3 个小时,有时甚至会达到 12 个小时。比赛尚未开始,电视台的团队就已经疲惫不堪了!

颜色平衡

比赛前一天还有一项重要工作,那就是确保所有摄像机的录制颜色都是一样的。如果你曾从不同角度给同一个物体拍照,例如一双红袜子,你就会发现,每张图片上的红色都看起来完全不同。这是因为每张图片上的光都不一样,

足球场上的电视摄像机也会碰到这种情况,在不同灯光下,球场上的绿色会看起来非常不同。由于灯光会随摄像机的位置改变,所以工作人员需要调整每台摄像机的**颜色平衡**,让它们拍摄出来的颜色一模一样。如果一台相机拍出来的草坪颜色是深绿,另一台是青柠绿,另一台又是橄榄绿的话,看起来就会非常奇怪。

是的，我们能拍

下面是一场典型大赛的摄像机布置方案。

你会发现，几乎所有的主要机位都被安排在球场的同一侧。那是因为观众需要一直明白哪支球队往哪个方向进攻。如果一支

摄像机布置方案

构台机位

1. 1号机位：位于中线的主机位，提供60%—70%的画面，录制整场比赛的全景图像。

2. 2号机位：靠近1号机位，但是用于拍摄特写镜头。

3&4. 18码机位：分别对应两块罚球区的边缘，这两台相机都可以用来检查进球是否越位。

场边机位

5. 3号机位：用来拍摄球员和裁判的特写镜头。如果一名球员被犯规了，3号摄像机将会拍摄场上的这名球员，同时2号摄像机会拍摄犯规球员。

6&7. 6码机位：分别对准两块罚球区的位置，可以拍到进球画面。

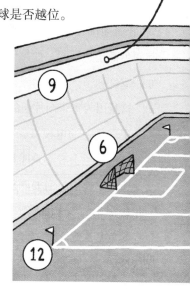

球队是从左往右踢，画面必须要展现出来他们在从左往右踢球。如果摄像机放在另一侧，拍出来的画面就是他们从右往左踢，这会让观众非常困惑！

球场上的每一台摄像机都会有人操作，有些摄像机离比赛场地很近，有些则会高挂在看台后侧的金属平台上，也被称为**构台**。

场侧和看台机位

8. 领队机位：用来拍摄教练和教练席。
9&10. 球门背后高机位。
11&12. 角旗机位：这两个机位可以让观众从不同角度回看比赛。
13. 美景机位：用来拍摄球场最美的全景机位（可能会搭配日落一起）。

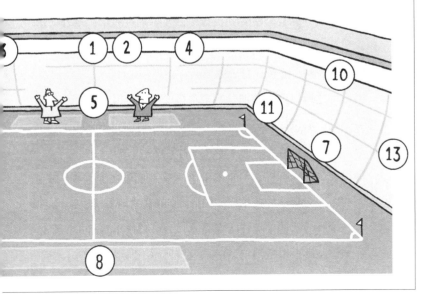

四处移动

上图中的所有摄像机都是固定在一个位置上的,但是电视台还会用其他摄像机——会四处移动的那种。

稳定前进

如果你想拍摄球员从更衣室走到球场上的镜头,你就需要和他们一起走。如果你想在比赛结束哨响时,就去拍摄球员在场上庆祝的特写镜头,你就需要尽可能地靠近他们。碰到这些情况,摄影团队就会使用**斯坦尼康**。

斯坦尼康是一台便携摄像机,你可以通过一件特制的**辅助背心**携带它移动。你会经常看到摄影师们在拍摄过程中,拿着斯坦尼康跑来跑去:摄像机会安在一根杆子上,那根杆子会与一根力臂连接,力臂则会连接你身上的辅助背心。

摄影师之所以需要辅助背心来拿摄像机,是因为这台设备非常重,辅助背心可以将设备的重量均匀分散到他们的背部、肩膀和屁股,从而在移动过程中保证摄像机尽可能稳定。

如果你试过用手机或相机拍东西,就会知道拍摄时保持稳定非常重要,因为晃动镜头拍出来的画面实在太糟了。想象一下你正拿着一个装满水的玻璃杯走在路上,为了防止水溅出来,你必须不停调整胳膊,以抵消走路时产生的晃动。斯坦尼康的工作原理也是一样：这台设备就像一个机器臂，可以抵消你走路产生的晃动，而且能保持摄像机稳定，平缓移动。

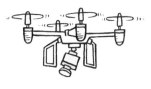

操作斯坦尼康的摄影师大概需要40分钟的准备时间，大部分时间都是用来确保摄像机和设备的重量被完美地分散在了背心上。整件背心的重量有25千克，几乎和一条大狗一样重了！

操作斯坦尼康的摄影师总会有一位助手在身边。摄影师会用一只手来控制摄像机方向，再用另一只手控制画面远近。助手则会通过手柄上的按键来控制聚焦与否，另外他还得确保摄影师不会不小心撞到身后的人。啊唷！

无人机来啦

有些电视台录制比赛时会用**航拍无人机**，指的是将可以遥控的摄像机装在一台**无人机**上。无人机是一种可以远程操控的飞行设备，一般有4个螺旋桨。航拍无人机会盘旋在球场上空，拍摄鸟瞰画面。这台机器需要两个人操控：一个人负责无人机（他必须有无人机飞行执照），另一个人负责摄像机。

蝙蝠侠，这摄像机居然会飞！

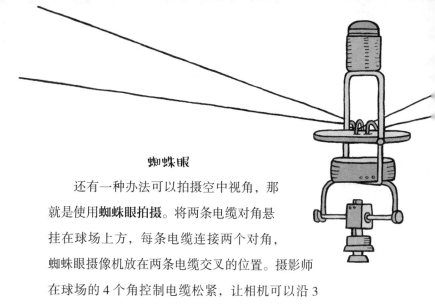

蜘蛛眼

还有一种办法可以拍摄空中视角，那就是使用**蜘蛛眼拍摄**。将两条电缆对角悬挂在球场上方，每条电缆连接两个对角，蜘蛛眼摄像机放在两条电缆交叉的位置。摄影师在球场的 4 个角控制电缆松紧，让相机可以沿 3 个方向移动：纵向穿过球场、横向穿过球场、上下移动，使摄像机从不同的高度拍摄比赛。

与此同时，在停车场

当球场里正在进行比赛时，球场的停车场听起来就不像什么很有趣的地方了，但实际上那里充满了激情与活跃。

我们之前提到的货车，此时已摇身一变，成了电视演播室，那里全是屏幕和电脑，整个空间大概可以塞下 20 人。

整辆货车里最重要的人就是**导演**，他会坐在一整排屏幕前。屏幕上显示了所有摄像机拍摄的画面。

导演的工作就是从中挑选用于播放的画面。大部分时间使用的画面都是主机位，也就是 1 号机位拍摄的全景。但是导演需要清楚所有摄像机拍了哪些画面，以防某个时刻还有更好的视角。

导演会戴耳机和麦克风，他可以用这两个设备和所有摄影师联系。导演经常会请摄影师拍某些特定镜头。

货车里还会有其他演播人员，例如音响负责人、图像负责人和回放负责人。摄影团队会用许多特殊词汇，这些词别人既不会用，也听不懂。例如他们会用"阿斯顿（aston）"这个词，指的是屏幕下方 1/3 处的字幕，和阿斯顿维拉足球俱乐部可没半点关系！

再看一次

像足球这样的体育运动之所以在电视上很受欢迎，原因之一就是电视上可以镜头回放。我们喜欢一遍又一遍地重温最佳时刻。不过第一批看到立即回放的观众可不是很开心。1963年，美国一家电视台在播放某场橄榄球比赛时第一次使用了回放画面。当时一支队伍触底得分，电视台重放了这个画面，导致主播不得不强调这支队伍并没有再次得分。许多观众感到非常疑惑，打电话去电视台投诉。

不准时的德国人

历史上第一场德国甲级联赛（简称德甲）开始于1963年8月，多特蒙德对阵云达不来梅。当时球场内只有一台摄像机。多特蒙德的前锋弗里德海姆·科涅茨卡在比赛开始35秒后就踢入一球，但由于摄影师去晚了，导致没有人拍到那个进球。这意味着德甲历史上的第一个进球没有影像记录。太尴尬了，对！

别错过了

2010年世界杯,英格兰队对阵美国队,当英格兰队队长史蒂文·杰拉德进球得分时,整个国家都为之欢腾。可是,当时一家电视台在切换画面时,一不小心把比赛画面换成了汽车广告,导致成千上万的观众没有看到那个进球。啊哟!

这家电视台前一年也犯过同样的错误,当时他们正在播放英格兰足总杯(简称足总杯)埃弗顿对阵利物浦的比赛,两支球队一直都没有进球。在加时赛还剩两分钟时,电视台突然将画面切换成了广告。当观众在看薄荷糖广告时,埃弗顿在最后一刻进球得分,成了冠军,但所有观众只看到了队员欢呼庆祝的画面。

倒霉的马丁·基翁

通常赛前电视评论员和主持人会站在场边，为即将开始的比赛准备录制画面。利兹联和阿森纳在2012年足总杯中踢成平手，但赛前却有个令人不快的意外事件。当时一名前球员正在做电视直播，评估两队赛前状态，结果一颗足球突然从球场飞来，打中了他的头。噢呜！

受害者马丁·基翁是前阿森纳后卫，他看上去非常不开心。后来基翁声称踢球的是利兹联中场迈克尔·布朗，他之前曾为阿森纳宿敌热刺效力。显然布朗想要命中的人其实是站在基翁旁边的罗比·萨维奇！

档案

摄影机数量：23
电缆长度：10千米
玩具货车：14
赛前准备：20分钟
出生地：英格兰剑河
支持球队：阿斯顿维拉（英国）
最喜爱的球员：杰夫·卡梅隆
特技：惊人的专注力

影视研究小测验

1. 放置主机位的高台叫什么？

a）阁楼
b）构台
c）茶水间
d）树

2. 1937年9月16日，人们首次在电视上观看足球赛，请问那场比赛的对阵双方是：

a）阿森纳和阿森纳预备队
b）曼联和利物浦
c）英格兰和苏格兰
d）巴西和阿根廷

3. 电视上使用什么画面是由谁决定的？

a）制作人
b）导演
c）决定人
d）观众

4. 2013年，巴黎圣日耳曼与宿敌马赛进行了一场恶战。比赛结束后，为巴黎圣日耳曼效力的阿根廷球员埃泽奎尔·拉维奇走出球场，请问他冲斯坦尼康的摄影师做了什么恶作剧？

a）拍了他的屁股
b）挠他痒痒
c）亲了他一下
d）绊倒了他

5. 全世界有将近75亿人，其中有多少人用电视看了至少一分钟2014年世界杯决赛（德国对阵阿根廷）？

a）差不多5亿人
b）差不多10亿人
c）差不多20亿人
d）差不多30亿人

大脑游戏

现在是世界杯决赛。你们球队只要再踢进一个点球就可以赢得比赛,全世界的目光此刻都汇集于此。队长把踢这个点球的任务交给了你。接下去会发生什么?你会保持冷静,还是让紧张情绪笼罩着你?我们都会在生活中遇到压力时刻,可能是在公众面前演出,也可能是要参加一场考试。足球运动员也是一样。在第二次课后社团活动中,我们会教你一些方法,让你在思想上做好准备,迎接下一次挑战。注意力集中!

挑战1:抬起膝盖

当你早上换好衣服出门的时候,请单脚站立系鞋带。这个小活动不仅可以锻炼你的肌肉和平衡力,还可以帮你练习应对情绪压力。我们并不习惯用一只脚站立,所以这个小挑战可以帮我们习惯不舒服的情况。如果我们不怕不舒服,我们就更可能在重压之下出色表现!

有益于:压力之下保持冷静
投入时间:1/3

挑战2：优秀的我

拿一张纸，写下所有你表现出色的事情，无论是在学校还是在运动场，又或是在家里帮忙也可以。然后再写下老师、朋友以及家人称赞你的话语。把这张纸稳妥保存，它可以帮你增加自信。如果哪天你过得不好，看看这张纸，你就会想起来自己其实很棒。无论是在球场上，还是在生活中，自信都非常重要。有自信的球员即便偶尔遭遇了失败，也会一直努力获得成功。

有益于：从挫折中恢复

投入时间：2/3

挑战3：确认清单

记住这张清单。

这张清单是一位足球心理学家写给球员的，用来确保他们在职业生涯中持续进步。这是因为最优秀的球员从不会认为自己什么都知道。你的老师，甚至足球学校的教练们也会有同样的想法。我们永远都在学习！这张清单可以很好地提醒你在球场内外还有哪些地方可以提升自己。

1. 明确你想要进步的领域。
2. 建立可以实现的小目标。
3. 向前看而不向后看；你无法改变过去。

有益于：保持上进心

投入时间：3/3

星期三　第一节 + 第二节　设计与技术

① 表示球迷的单词 fan 在英文中还有风扇的意思。

球场是观众观看足球比赛的地方。不过,球场当然不仅仅只是如此!球场通常非常巨大,高耸的结构占据了整座城市的天际线。事实上在我们看来,球场有点像现代社会的城堡。像城堡一样,球场会让敌人心生恐惧。球场永远都会展现俱乐部的颜色,就像城堡会展现旗帜一样。别忘了还有军队一般的球迷,他们以球场为家,通过挥舞横幅、围巾,以及在每场比赛中欢呼来维护这个球场的荣光。一些著名球场在世界各地都广为人知,例如伦敦的温布利球场、米兰的圣西罗球场和巴塞罗那的诺坎普球场。

在这堂课上,我们将会探究如何建造球场,才能让球员和球迷都尽情享受比赛。我们将会参观一些惊艳建筑,找出一些主场球队用来惹恼客场球队的顽皮把戏。

不过我们得先看点恶心的东西。

呕吐联盟万岁!

呕吐指的是你体内没消化完的食物从胃部上涌,这个过程是身体的自发反应,你无法控制。一眨眼,那些恶心的食物突然跑到你的食管,从嘴巴里喷出来。(有时甚至是从你的鼻子里出来!)

呕吐物从你身体里喷涌而出,正如比赛结束,球迷一拥而上挤出球场一样。仔细想想,比赛进行时,球场里的每个人都专注于赛场上的一举一动,就如同一个稳定运转的胃。然后比赛终场哨声吹响,所有人都在同一时刻离开,这就像呕吐一样。无数人群蜂拥到看台后的走道,然后再如流水般缓慢离开球场,抵达场外。

你或许会觉得我们把球迷和呕吐放在一起比较实在很不恰当,但我们其实非常认真!实际上,设计和建造球场的那些人也做了一模一样的对比。你进入或离开球场时,会经过一些走道,那些走道被称为**出入口**,英文是 vomitories,而 vomit 就是呕吐的意思。我们保证这是实际存在的术语!这也是亚历克斯在本书中最喜欢的词汇。(本最喜欢的词是 ribuytibuy,翻到《现代语言学》那一章找出原因吧。)请记住,你如果觉得身体不舒服,可不是去那个叫 vomitories 的出入口,叫这个名字只是因为人们从中穿过的动作,就像呕吐这个动作一样。

人群控制

如果你曾去过球场,就会知道在比赛结束后经过出入口时其实挺可怕的。你会和成千上万的人挤在一起,所有人都在同一时刻朝同一方向移动着。没有任何方法能走快,也没有办法往回走。你完全无路可逃,唯一能做的就是跟其他人一样,缓慢地朝着出口方向移动。

因为球迷离开球场时,可能会造成踩踏或是冲撞,所以据设计和规划建筑的**建筑师**所说,出入口是球场设计的重中之重。如果这些走道太窄,人们就会被挤到。但如果它们太宽了,那这些空间就浪费了,因为原本这里可以造些球迷需要的其他设施,例如厕所,或是安排些能给俱乐部赚钱的设施,例如小吃店。

英国的安全准则要求所有球场在设计上,都必须确保所有人能在 8 分钟内离开看台区。要让 60 000 人在 8 分钟内离开,这时间可不多。本偶尔早晨赖床都不止 8 分钟呢!

有多余的票吗?

大部分大球场在建造时,都以容纳 10 万球迷为目标。但在安全准则稍微宽松的情况下,有些比赛会吸引超过 10 万的观众,那几乎是一个中等城镇的人口总量了!我们从足球史上选择了一些入场人数最多的时刻:

173 580

球场: 巴西里约热内卢的马拉卡纳大球场

1950 年世界杯决赛,巴西以 2∶1 输给了乌拉圭,心碎离场的球迷人数可算世界纪录。据非官方统计,观众总数可能达到了 20 万。

147 365

球场: 苏格兰格拉斯哥的汉普顿公园球场

1937 年苏格兰杯决赛,无数球迷涌入苏格兰当时最大的球场,观看凯尔特人以 2∶1 打败阿伯丁。

128 000

球场: 伊朗德黑兰的阿萨迪球场

1998 年世界杯预选赛,伊朗队在数万家乡球迷面前以 1∶1 和澳大利亚队踢平。自 1978 年以来,伊朗因此首次获得了参加世界杯的资格。

126 047

球场: 英格兰伦敦的温布利球场

温布利举办的第一场官方比赛是 1923 年足总杯决赛,当时博尔顿以 2∶0 打败了西汉姆联。但这场比赛之所以会被人记住,是因为当时引导人们去到安全区域的是一匹叫作比莉的灰马。

站立，坐下

球场中观众观看比赛的地方叫**看台**。这里有件事很让人困惑，明明现在观众大部分时间都是坐着看比赛，表示看台的英文单词 stand 却是站立的意思。来找出原因吧！

建筑师在设计看台时，他的任务是尽可能让更多观众拥有更好的视野，看清球场上的一举一动。每座球场之所以形态各异，那是因为建筑师还要考量一些其他因素，例如建造球场的预算，球场需要容纳的人数，俱乐部希望为重要客户提供多少包厢，以及除了举办足球赛，球场还可以做什么（例如音乐会或其他运动赛事）。

尽管如此，有些球场设计的规则还是具有普遍性的。

在剧院、电影院和球场，你离舞台、屏幕或球场越远，座椅的高度就越高。这是必须的。不然你前面那人的后脑勺会挡住你的视线。

在现代球场中，座椅增高依照的是一种叫作**抛物线**的数学曲线。在这张看台截面图上，你可以看出离球场越远，座椅的高度就越高。搞笑的是，如果你往空中踢球，这颗球也会形成一个抛物线，只是这个抛物线是向下的，而且更小一些。

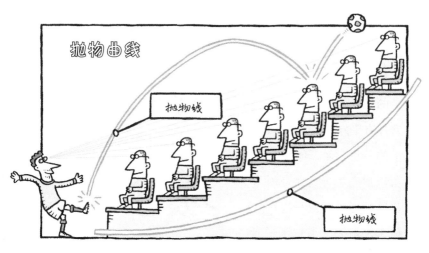

你不能永远依照抛物线，因为英国的安全准则规定，每排座位之间的角度不能超过34°。

第一排座位最好设计得尽可能靠近球场，因为这样球迷就可以近距离观看球场上的一举一动。对此，阿森纳酋长球场采用的方法是，让观众从最高排座位进入，然后一层层往下走，这样就不会有入口占据看台底部的空间了。

除了出入口和看台外，屋顶对球场来说也很重要。热带国家的球场需要屋顶，这样球迷才能不被日晒。在英国，屋顶则可以保护球迷不被雨淋！

年代比较久远的球场屋顶通常会由柱子支撑，这并不理想，因为柱子会挡住一些人的视线。不过多亏了工程科学的发展，现在的屋顶已经不需要在看台设计支撑柱了，但这得设计得很聪明。"屋顶一定是球场设计中最复杂的部分，"一位球场工程师告诉我们，"一个球场的屋顶就像一座长达250米的桥梁，柱子必须不能挡道。"

这个柱子不能挡住观众视野的需求，生发出了许多充满创意、令人惊艳的球场设计。举例来说，温布利球场就有一道高133米、宽315米的拱门来帮助支撑屋顶。温布利球场的拱门如此巨大，以至于你在伦敦的任何地方都能看到它。事实上，它差不多是伦敦塔桥的2倍高、1.5倍宽。

欢乐屋

接下来我们会带你快速参观一些我们最爱的球场。要是有机会的话,你一定要去那里看场球赛哦!

球场:德奎普球场
球队:费耶诺德
国家:荷兰
最棒的点:强烈震动

亲爱的足球学校学员:

我们刚看完一场惊心动魄的比赛!我们的荷兰朋友温克带我们去了德奎普球场。那里的看台以震动出名,每当费耶诺德队进球,成千上万的球迷们就会跳上跳下。温克已经在这里生活了很多年,他告诉我们,他第一次体验这种震动时,觉得自己好像坐在一艘起飞的火箭上!"那太让人惊讶了。从那以后,每一次我都感觉非常之好,"他说,"最准确的描述应该是,你坐在一艘船里,航行于一条汹涌的河流之上。"尽管他说这里的看台非常安全,但他仍然觉得有点害怕。"每个赛季工程师都会对看台进行检查的。"

撞胸庆祝,亚历克斯和本

球场：布拉加市政球场
球队：布拉加体育
国家：葡萄牙
最棒的点：乡村风景

亚历克斯，我的朋友，

我正在观看一场在半山腰举行的足球赛！一个球门背后耸立着比球场还高的岩石峭壁，它有个名字叫"pedreira"，是葡萄牙语中"采石场"的意思，我觉得这名字很有趣！尽管球场只有两面看台，但可以容纳3万名观众。另一个球门背后则是周边的乡村，以及整个布拉加美不胜收的景色。

鳕鱼与拥抱，本

球场：安联球场
球队：拜仁慕尼黑，慕尼黑1860[1]
国家：德国
最棒的点：带上你的宠物变色龙

亲爱的本！

这座绚烂的球场被包裹在一个外壳中，这个外壳由许多菱形结构组成，能够点亮成任何颜色。拜仁慕尼黑比赛时，球场颜色是红色；慕尼黑1860比赛时，球场颜色是蓝色；而当德国国家队比赛时，球场颜色就变成了白色。

光芒常在，亚历克斯

[1] 2017年，慕尼黑1860队与安联球场合同解除，拜仁慕尼黑成为安联球场唯一主场球队。

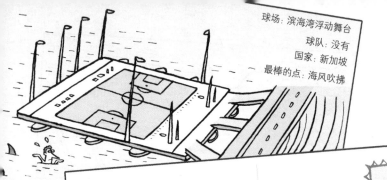

球场：滨海湾浮动舞台
球队：没有
国家：新加坡
最棒的点：海风吹拂

亲爱的本：

带你的游泳裤来这里！我现在在新加坡滨海湾的浮动舞台，这是全世界最大的浮动舞台，全都由钢铁制成。你可以从陆地上沿着斜坡走进来。陆地上面向舞台的看台共有 30 000 个座席，球场里也只有这一侧的观看视野。2008 年，为了能在这里举行一场足球赛，舞台上铺设了草坪。迄今为止，那也是在这里举行的唯一一场比赛！他们希望未来这里还能举办更多比赛。

我的船浮起来了，

亚历克斯

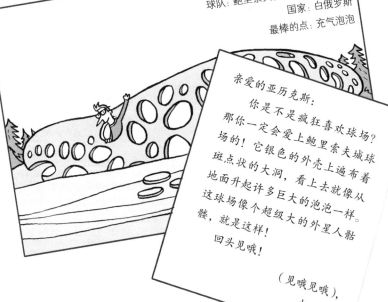

球场：鲍里索夫城球场
球队：鲍里索夫，白俄罗斯国家队
国家：白俄罗斯
最棒的点：充气泡泡

亲爱的亚历克斯：

你是不是疯狂喜欢球场？那你一定会爱上鲍里索夫城球场的！它银色的外壳上遍布着斑点状的大洞，看上去就像地面升起许多巨大的泡泡一样。这球场像个超级大的外星人骷髅，就是这样！

回头见哦！

（见哦见哦），

本

球场：阿塔蒂尔克球场
球队：布尔萨体育足球俱乐部
国家：土耳其
最棒的点：时髦的外形

亲爱的斯派克：

快看这个尾巴！我们正在土耳其第四大城市——布尔萨，当地的布尔萨体育俱乐部正在建造一座新的球场。人们将这家俱乐部称为绿色鳄鱼，所以他们决定体育馆的外形就要像一只巨大的绿色鳄鱼！这只大鳄鱼的头会从球场一侧伸出来，看台就像鳄鱼卷起的身体和尾巴。这项工程从 2011 年动工，期待与你一起来这里看球赛！

拜拜喽！

亚历克斯和本

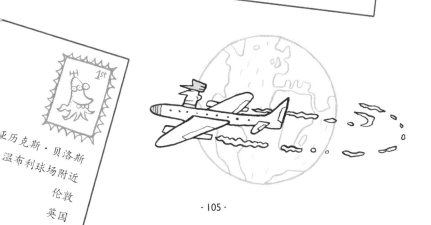

亚历克斯·贝洛斯
温布利球场附近
伦敦
英国

巧克力剧场

每座体育场都有自己的特征与特质。这里列举了一些具有最佳外号的场馆:

体育场	球队/赛事	外号
中国国家体育场	2008年奥运会足球决赛	鸟巢
阿尔贝托·J.阿曼多体育场	博卡青年(阿根廷)	巧克力盒球场
老特拉福德球场	曼联(英格兰)	梦剧场
圣马梅斯体育场	毕尔巴鄂竞技(西班牙)	大教堂
热奥弗鲁瓦基查尔球场	圣艾蒂安(法国)	大锅

心理游戏

有些俱乐部会在主场布置一些顽皮的小把戏,来惹怒客场球队,希望这样他们就能踢差点。我们不清楚有哪些恶作剧真的被用过,因为没有球队会承认自己要用这些卑鄙手段!不过我们听说过各种传言(还有,在你询问之前,我们就先要声明,我们不会允许任何把戏在足球学校发生)。

⚽ 把暖气温度开到最大,这样客场球员就会感觉不舒服。

⚽ 停止供水,这样他们就不能洗漱,无法好好准备。

⚽ 把墙壁涂成恶心的混合色,这样球员就会觉得又冷又难受。

⚽ 在所有墙壁上都挂上自家球迷怒气冲冲的照片,这样客场球员就会感到害怕。

⚽ 仔仔细细地将地面抛光打蜡,这样球员就有滑倒的风险,他们就必须踮脚走路。

⚽ 把更衣室安排得尽可能小。

⚽ 在房间里设置层层障碍,例如在中间摆张桌子,这样客场球队的教练就不能同时跟所有队员说话。

⚽ 在墙上放些特别设计的镜子,让镜子里的球员看上去比实际的体型瘦小。

分享代表关爱

有些球队从不会去想这些卑鄙手段。下面这些球队全都和自己的宿敌共享球场!

体育场	地点	球队
味之素球场	日本东京	东京FC,东京绿茵
安联球场	德国慕尼黑	拜仁慕尼黑,慕尼黑1860
阿萨迪球场	伊朗德黑兰	艾斯迪格尔,柏斯波利斯
马拉卡纳球场	巴西里约热内卢	弗拉门戈,弗卢米嫩塞
圣西罗球场/梅阿查球场	意大利米兰	AC米兰,国际米兰
罗马奥林匹克体育场	意大利罗马	拉齐奥,罗马
泰迪球场	以色列耶路撒冷	耶路撒冷贝塔尔,耶路撒冷夏普尔
电信2体育场	瑞典斯德哥尔摩	佐加顿斯,哈马尔比

罗西・坦迪

☆ 优秀学员 ☆

"我需要一些支持!"

☆☆☆ 优秀学员 档案

客厅的座位数:16

生日派对的出席人数:38

阅读《足球学校》时最爱的角度:45°

振动频率:300赫兹

出生地:英格兰谢菲尔德(钢铁之城)

支持球队:标准列日(比利时)

最喜爱的球员:凯马尔・鲁夫

特技:高度碾压对手

设计与技术小测验

1. 你在出入口中要做什么?

a) 呕吐
b) 咳嗽
c) 打喷嚏
d) 走路

2. 球场里的座位是在:

a) 躺着
b) 膝盖
c) 坐着
d) 看台

3. 在旧场馆被拆除,新场馆建立以前,温布利球场因为某个建筑特点还有什么外号?

a) 超级滑梯
b) 双子塔
c) 金字塔球场
d) 金拱门

4. 建造体育场时,根据安全规定,大约每多少人就要建一个卫生间?

a) 10
b) 50
c) 100
d) 500

5. 位于巴西马卡帕的零度球场有什么特别之处?

a) 它超级小,而且是给蚂蚁使用的
b) 没有一个大俱乐部声称这是他们的主场
c) 中线刚好穿过赤道,所以两个半场分属于不同的半球
d) 亚历克斯和贝利一起打开这座球场,而且在那里踢了有史以来第一个球

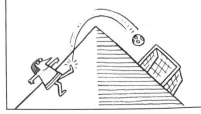

① 原文为 grammar，发音与下文的 "grandma（奶奶）" 相似。

是个简单的小故事：

梦想远大的男孩

很久很久以前，有两个男孩，分别叫亚历克斯和本。他们非常热爱足球，同时也很喜欢阅读。他们如饥似渴地阅读各种各样的书籍。长大后，他们成了记者，写了《足球学校》，从此过上了幸福的生活。完。

同一个故事还有另一种讲述手法：

足球 ⚽ 时报

最佳好友合著足球书籍

一对热爱足球的好友共同出版了一套书，介绍这项美丽的运动。《足球学校》的作者是亚历克斯和本，他们都是记者，而且从小热爱阅读。

这个故事第一个版本的写作手法是童话式的，第二个版本则是新闻报道式的。童话的开篇通常都是"很久很久以前"，它们通常会创造出一种魔幻而奇妙的氛围。但新闻报道的目的则是尽可能简洁明了地陈述事实，绝对不能出现任何魔幻内容！

讲故事还有很多别的方法，我们会在这堂课上介绍一些。不过我们要重点介绍的写作手法是**比赛报道**。报纸和网站会采用这种手法来报道足球比赛。

削好铅笔，跟我们出发吧！

报道过去

比赛报道就是一篇讲述足球赛的文章。当你打开报纸的体育版面，或是浏览体育网站，你会看到许多比赛报道。

比赛报道的第一准则就是，你要在一开始写出结局。这听起来可能有点奇怪，但你可以仔细想一想。关于一场比赛，你最先想要知道的是什么？是教练吃了什么早餐？还是比赛阵容是什么？又或是开球时有没有下雨？都不是，当你在看新闻报道时，你最想知道的是谁赢了！比赛报道永远都会在报道的第一句话写清胜利队伍的名字。

以结局开篇这种方式跟许多讲故事的方式非常不同。例如说在写童话时，你会徐徐展开，只有到结尾才会让读者知道事情到底怎样了。你不会在《小红帽》的开头就告诉读者，大灰狼最后被杀死了。

可是在比赛报道开头的短短几行中，你就必须包含一则**概要**，或是概述，说明比赛的重点。这会包括胜利球队、最终比分和得分球员。或许你还会提到某些重要事件，例如有球员被驱逐出场。

我们会以英格兰足球史上最著名的一场比赛为例,让你了解怎么来写比赛报道的开头。你能看出来它是怎样用开头第一句话,就介绍了整场比赛的重点吗?随后报道会继续讨论比赛中的关键时刻或是得分情况:

足球时报

英格兰赢得 1966 年世界杯

吉奥夫·赫斯特上演一出精彩的帽子戏法,帮助英格兰以 4:2 打败联邦德国,首次赢得世界杯。

德国队在 90 分钟比赛的末尾打进一球,将比分拉回 2:2 平。但在加时赛中,赫斯特射门成功,帮助英格兰队重回领先地位。当时那颗球撞到了球门横杆,弹进球门线内。最终判定球在弹出前就已经过线。

就在德国队期盼扳平比分时,英格兰队队长博比·穆尔将球传给赫斯特,让他踢出最后一粒华丽进球。

写比赛报道时用的是第三人称,也就是说你在描述球员时要用"他""她"或者"他们",而不能用"我"或"你"。语言必须尽可能简单,这样报道才容易阅读。另外必须要有很多**动词**,即描述动作的词语。足球比赛中会有很多动作!"得分""打败""追平"和"传中"都是动词。

随着报道深入,你可能会提到一些比赛中没那么重要的时刻。你可以提到一些背景信息,例如阵容和天气,如果教练吃什么早餐也跟比赛有关系，那你也能提！报道最终要以**结论**结束，就是最后要有两三句话总结整场比赛：

> 裁判一吹响终场哨，球迷们全都冲上球场，向他们的英雄致以敬意。英格兰足球史上最重大的时刻就此结束。

随着报道来到尾声，你的读者应该清楚比赛中到底发生了什么事情。一篇优秀的比赛报道会说明比赛中的关键时刻、最佳球员，以及比赛结果是否公平。

故事的两面

现在我们来谈谈公平吧。

裁判判定吉奥夫·赫斯特的进球有效，他认为尽管球在撞到球门横杆后反弹了，但球在弹出前就已经过线。这时候英格兰的球迷当然非常开心，可是德国球迷是什么感受呢？就像你想的一样，他们肯定不是很开心！

来想想德国记者会如何报道这同一场比赛吧。你能看出下面这篇报道和咱们刚刚看的有什么不同吗？

足球 ⚽ 时报

联邦德国被夺走了1966年世界杯冠军

联邦德国不幸地以4∶2输掉了一场有争议的比赛，一位英格兰球员的进球没有完全过线，却被判定有效。

正如第一篇比赛报道一样，首句包含了整场比赛的重要信息，例如谁赢了比赛，以及最后比分是多少。但是这次报道的重心就不是英格兰赢了比赛，而是联邦德国输了。对德国人来说，这场比赛的关键因素是那个有争议的进球，而不是吉奥夫·赫斯特的帽子戏法。

德国比赛报道的余下部分可能是这样：

比赛开始12分钟后，赫尔穆特·哈勒率先进球，让联邦德国队来到领先位置。但他们并未领先太久，英格兰随后进了两球。多亏沃尔夫冈·韦伯最后打进一球，才帮联邦德国队在90分钟的比赛内将比分扳平。

加时赛时，赫斯特的进球撞到了球门横杆，弹进球门线内，瑞士裁判戈特弗里德·迪恩斯特判定进球有效，这个裁决让联邦德国队元气大伤。由于迪恩斯特并没有看到球是否过线，而且他与来自阿塞拜疆的边裁语言不通，所以这个进球非常有争议。联邦德国队的队员感觉裁判似乎在帮英格兰队赢得这场比赛。毫无疑问，赫斯特的进球争论将会持续很多年。

英格兰的报道和德国的报道读起来非常不同，尽管他们都在说同一场比赛。

这是因为在判定一场比赛的重点时，不同的记者会有不同的想法。他们之所以会做出不同的决定，是因为他们所面向的观众不同。

足球中充满了像这样观点会有分歧的事件。这让看比赛变得有趣起来，也敦促赛事记者们时刻保持警觉！

赛事记者的一天

一旦比赛终哨吹响，赛事记者就要尽快把报道送出去。只有这样人们才可以比赛一结束，就在网上看到赛事文章。但你怎样才能写这么快呢？本过去经常写比赛报道，所以他可以解释这一行的一些技巧。

本的比赛日日记

- 13:00　我的编辑告诉我这次要写多少词——1000 词以内。
- 14:00　我抵达了球场，取好票。
- 14:15　我吃点东西。所有英超俱乐部都会为媒体工作者提供餐点。
- 14:45　我去到媒体观看区，这片看台是专为记者预留的。这里的视野是最棒的：通常会在中线附近，所以两边的进球你都能看到。座位旁有几张桌子，桌上的小电视会播回放镜头。
- 15:00　比赛开始！我看了差不多 30 分钟比赛，然后就开始写文章了。我会描述每个进球，以及各种精彩事件。一边打字一边关注比赛是很难的，不过我可以通过观众的喊叫声来判断什么时候该注意了。
- 15:45　在半场结束前，我写了差不多 400 词。我把已经写好的部分发给编辑，我们把这个叫作"跑稿子"。编辑要检查稿子里有没有拼写错误，并且想出一个标题。
- 16:30　我继续记录比赛中的精彩时刻，并开始思考开头和结尾，也

就是故事的头尾。在比赛进行到 75 分钟时,我把已经写好的内容发给编辑。还有 15 分钟时间,稿子基本都写完了。等我把开头和结尾发出去,我就双手合十祈祷接下去不要再有新的进球。球迷们非常喜欢球队在最后一刻进球,赢得比赛。但对我来说,这样会压力很大,因为我得要在几分钟之内重写开头和结尾。事实上在那种时刻,记者疯狂打字的声音几乎会和球迷的欢呼声一样响!

16:45　我在终哨吹响时完成写作。报道已经发布在网上,但我还不能回家。

17:00　两支球队的教练会轮流进到一间屋子,回答记者问题。

17:30　我迅速重写报道,将教练说的趣事记录进去,并加入一些我刚才忘记加的额外细节!这是这篇报道的第二版。

17:45　在球员离开更衣室,走去球队大巴的过程中,他们会先经过满是记者的"混合区"。如果球员愿意的话,他们可以和记者交谈。"混合区"会很混乱,你得要兼具良好的听力、强壮的大腿和尖锐的手肘才能存活下来!通常球员的评论会用在第二天的另一篇稿子里。至此我已精疲力竭,该回家了。

据证实最有可能的就是吉奥夫爵士为了权杖的荣誉,将这颗皮制足球打入似洋葱袋一般的球网之中。

写作风格

比赛报道是一种适合报纸和体育网站的写作风格。正如我们之前提到的,比赛报道要用第三人称写,词汇简单,动词丰富。

除了比赛报道,我们还有另一些写作风格,例如**诗歌**、**记叙文**和**对话**,不同的写作风格都有自己讲故事的独特技巧。它们或许不会像比赛报道一样,给你那么多细节,但它们可以描述一些其他内容。你更喜欢哪种呢?

五行打油诗

风格总结: 一篇有趣的押韵诗歌,共五行长。

> 从前有个前锋叫赫斯特
> 在世界杯上演帽子戏法第一个
> 每回他进球
> 温布利球迷就怒吼
> 联邦德国离场时感觉被诅咒

俳句

风格总结: 一首诗里有十七个节拍或音节,三行诗的音节分布分别为五,七,五。

> 英格兰是世界冠军
> 打败联邦德国 4:2
> 由此有了吉奥夫·赫斯特爵士

日记

风格总结: 第一人称，也就是要从分享观点或情感的说话人角度写作。

○○○○○○○○○○○○○○○○○○

亲爱的日记，我的名字是吉奥夫，我今年24.5岁。昨天我在世界杯决赛上为英格兰队进了3球！我们以4:2赢得了比赛，全国都为之欢呼。我妈妈说我可能会成为一个爵士。这实在是太让人激动了！我特别希望能和我的球队也汉姆一起拿英超冠军，然后再赢一次世界杯。我不知道这能不能实现。如果实现不了的话，我希望自己能被人记住，然后他们将我写在一本叫作《足球学校》的书中！

对话

风格总结: 由对话来讲述故事。

吉奥夫：博比，多谢你的传球。那个球实在完美地帮我进了第3个球！

博　比：你踢球踢得很棒，年轻的吉奥夫。我很高兴我们赢了世界杯。

吉奥夫：这实在是梦想成真。而你这位出色的英格兰队队长很快就要举起世界杯的奖杯了！

给我打电话

在电脑和电子邮件出现以前，记者常常会打电话给办公室的打字员，对着电话念出自己的赛事稿。有时一个"破句"可能会导致某些尴尬的错误。1998年，一位记者打电话给他的报社，告诉他们英格兰球迷在世界杯期间参与了在法国的一场斗殴。他结束时说："一辆警车停了下来，里面有十几个全副武装的宪兵。"宪兵在法语中是gendarme，指的是法国警察。但另一边的打字员听错了，于是第二天报纸上就变成一辆警车出现了，里面有"十几个全副武装的约翰·巴恩斯（John Barnes）"。巴恩斯是前利物浦边锋，当时刚为英格兰队踢过球。而且世上只有一个巴恩斯啊！我的天哪！

打字速度：每分钟120字
这句话有几个音节：8
最大的标题字号：28磅
每天早餐前阅读几篇故事：14
出生地：美国爱荷华州斯托里
支持球队：雷丁（英国）
最喜爱的球员：伊恩·赖特
特技：能够出色地解读赛事

写作小测验

1. 当记者寄出比赛报道的终稿时，他们最后一刻会加上什么内容？

a）开头和结尾
b）标题和结尾
c）童话
d）加雷思·贝尔

2. BBC评论员肯尼思·沃斯滕霍姆在报道英格兰队在1966年世界杯决赛上的第4个进球时，说完"有些人在球场上！他们认为一切都结束了！"后，又说了什么？

a）"离开球场！"
b）"英格兰加油！"
c）"就是现在！"
d）"哦，赫斯特先生，我觉得我爱上你了！"

3. 英国第一份报纸出版于1665年，它的名字是什么？

a）《伦敦时报》
b）《牛津公报》
c）《纽卡斯尔巨人》
d）《你的每周新闻》

4. 当年前威尔士前锋伊恩·拉什（Ian Rush）和马克·休斯（Mark Hughes）的名字在电话里被误听成了什么，并最终出现在了比赛报道上？

a）Russian Jews（俄罗斯犹太人）
b）Rushing Poos（飞奔的大便）
c）Rushing Whos（谁在飞奔）
d）Russian News（俄罗斯新闻）

5. 1999年欧冠决赛，有支球队在加时赛最后三分钟连进两球，最终以2：1打败拜仁慕尼黑，导致记者要以二倍速重写他们的比赛报道。请问是哪一支球队？

a）切尔西
b）阿森纳
c）曼联
d）利物浦

课后社团 平衡

别跳过这个

足球运动员的身体素质不仅需要健壮、迅速、敏捷,还得要有很棒的平衡感。在这次课后社团,我们会用一种最棒的方法,同时训练以上4种能力,这种方法就是……跳绳。你觉得跳绳很简单是不是?再好好想想。众所周知,拳击运动员会在日常训练中加入跳绳,现在足球运动员也这么做了。这种运动既可以锻炼能力,又不会对关节造成太大压力。跳起来吧!

跳绳练习1:双飞

尽可能跳高,然后迅速甩绳子,这样你腾空的时候,绳子就会从你脚下经过两次。

有益于:提高心率
难度指数:1/4

跳绳练习2:跑步跳

做这个练习你需要点空间,因为你需要在不打断跑步节奏的情况下,一边慢跑一边跳绳。

有益于:增强体能和平衡力
难度指数:2/4

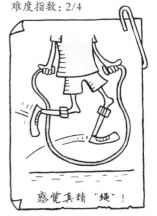

感觉真精"绳"!

跳绳练习 3：高抬腿

你不用同时将双腿抬到同一高度，你只需要在原地跳绳，每次抬一条腿就行。这个练习会很累，所以跳几下后，你就可以回到一般的跳绳模式。

有益于：增强腿部力量
难度指数：3/4

跳绳练习 4：双手交叉

像平常一样双脚起跳，正常甩绳。然后迅速在身前交叉双手，随即尽可能将双手分开，再跳过绳子绕出的那个圈。接着将双手恢复原先位置，正常跳绳。你可能需要练习几次，才能把绳子绕出合适大小的圈，不过最后一定会成功的！

有益于：增强冲刺时的推力
难度指数：4/4

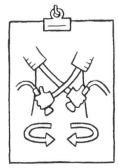

跳起来

每分钟心脏跳动的次数就是心率。跳绳时你的心率可以达到每分钟 130 次。想要知道自己的心率，你可以轻轻碰触脖子侧面，直至感觉到有规律的跳动。计算 10 秒内你感受到的跳动次数，然后将这个数字乘 6，你就能得出每分钟的心跳次数了。

星期四　　第一节＋第二节　生物

知道**优势手**是什么的同学请举手!

当人们要握笔、按门铃或摸鼻子时,有些人会用右手,有些人却会用左手,这种奇怪的现象就叫优势手。几乎所有人都会把大多数事情交给一只手做。如果我们更喜欢用右手,我们就是右撇子,而如果我们更喜欢用左手,我们就是左撇子。

我们也会对身体其他部位有这样的偏好,例如眼睛和耳朵。当你需要从钥匙孔里往内窥探时,你可能总是会用左眼。或是当你打电话时,可能总会将电话贴向右耳。这就被称为**优势眼**和**优势耳**。

我们接着来看脚。大部分人在踢球时会倾向于用某一侧的脚,要么左脚,要么右脚。在这堂课上,我们将会来看看足球中的**优势脚**。惯用右脚或惯用左脚会在球场内外有什么优势吗?我们将探究左右两侧身体背后的竞争秘密。

加油,让我们从开始就把课上好!可别被落在后面!

大多是右

首先,到底为什么会有优势手这种现象呢?有些科学家认为,这是因为相较于把事情分配给两只手做,训练一只手做事会更加熟练。要想在几百万年前的原始社会存活下来,熟练是很有必要的。

举例来说,想象一下有两个原始人正在学扔石头。其中一个原始人只练习他的右手,但另一个用了一半时间练习右手,另一半时间练习左手。最终只练习右手的原始人会扔得最好,因为和另一个原始人的左右手相比,他的右手得到了更多练习。而如果他可以扔得好,那么他就更容易通过扔石头杀死猎物,获得食物。

你大概会发现自己的朋友基本上都是右撇子。亚历克斯和本也都是右撇子。

事实上，全世界90%的人口都是右撇子。关于优势手，很让人惊讶的一点是，你在出生前就已经有用手倾向了。一项研究发现，90%的胎儿在子宫里都会吮吸右手的大拇指，这个比例和右撇子成人的比例是一致的。

伦敦大学的克里斯·麦克麦纳斯教授是一位世界知名的优势手专家。他认为最初所有人类都是右撇子。他不明白为什么会有人变成左撇子，又或是为什么右撇子会比左撇子多这么多。科学家们通过研究人类牙齿化石，得出以下结论：早在50万年前就已经有左撇子的存在了。根据许多牙齿上的划痕方向，科学家判断当时许多人会用右手从嘴里撕下动物毛皮，但另一些牙齿上的划痕方向恰好相反，说明还有部分人类会用左手从嘴里撕下动物毛皮。直接咬，真恶心！

"左"不是"对"的

纵观历史,左撇子的数量总是比右撇子少得多。许多文化还会认为左撇子是糟糕的象征。在古罗马,公共演说家需要穿托加长袍,这种衣服会限制他们的左侧身体,也就是说他们的左手不能做任何动作。在中世纪欧洲,左撇子总会和魔鬼或巫术联系起来。

左撇子的坏名声一直持续到现代社会。在印度,许多人都会用手吃饭,但只能用右手。用左手吃饭是很粗鲁的行为,因为左手是用来擦屁股的!在非洲的加纳,用左手指东西是很不礼貌的行为。

在很多语言中,"右"这个词常常会带有好的意味,"左"则会和差联系起来。在英语中,表示"右"的 right 还代表着"正确的"。来比较一下"左"这个词在不同语言中的不同含义吧。

语言	表示"左"的词语	其他含义
法语	Gauche	笨拙的
德语	Links/Link	狡诈的
意大利语	Sinistra/Sinistro	邪恶的
挪威语	Keiv	错的
波兰语	Lewy	垃圾
葡萄牙语	Canhoto	魔鬼
土耳其语	Sol	奇怪

让我们握手言和

哪怕是在足球界，球员们也常被鼓励用右手。每场英超比赛前，球员都会彼此握手来表示尊重。但他们为什么都用右手来握呢？一些历史学家认为这个原因需要追溯至古希腊时代。由于那时人们身上都会携带武器，所以当你遇到一位新朋友时，伸右手就表明你并没有拿武器，这是友好的象征。而握手时上下摇晃则是为了表示，假如衣袖里藏了刀，这时也都会掉出来。

左撇子被落下?

当个左撇子可不容易,因为许多东西都是为右撇子设计的。下面这些日常物品左撇子用起来就很困难:

物品	原因
相机	需要用不太有力的右手按快门
钢笔	在纸上写字时左手会沾到墨点
卷笔刀	很难用左手沿顺时针削笔
剪刀	很难握住右撇子使用的剪刀,也很难剪得干净
拉链	需要用不太有力的右手拉拉链

不过当左撇子也有好处。调查表明,左撇子在商店排队花的时间更少。这是因为人们倾向于选择靠近自己优势手方向的收银台排队,因此在右撇子远远多于左撇子的情况下,右侧队伍常常会比左侧队伍更长。左撇子一般也更容易通过英国的驾照考试,可能是因为他们能用自己更具优势(也更熟练)的手来操控变速杆。

麦克麦纳斯教授认为，和右撇子相比，左撇子的大脑连接方式会有所不同，因此有时他们会更富有创造力，更擅长音乐和诗歌。在过去5任美国总统中，有3位都是左撇子——远远超过我们的一般认知。这个现象同样存在于诺贝尔奖获得者中。

然而麦克麦纳斯教授同样警告人们，这也不尽是好的。这种大脑连接的方式可能会导致左撇子在说话和语言方面存在问题。

生活太偏向一侧了

如你所知，10个人中有9个都是右撇子。也就是说90%的人类是右撇子，10%是左撇子。但这种左右侧优势比例也会因不同身体部位而出现不同结果：

身体部位	右侧优势	左侧优势
手	90%	10%
脚	80%	20%
眼睛	70%	30%
耳朵	60%	40%

左脚前锋

如果你的优势脚是右脚,那么踢球场右侧的位置对你来说就更自然,因为你占据优势的右腿会离边线更近,这样你就能充分利用整个球场的宽度。同理,如果你的优势脚是左脚,踢左侧位置就会对你来说更自然。

这种右撇子踢右侧位置,左撇子踢左侧位置的倾向,可能会让你以为一支球队里右撇子和左撇子的数量是差不多的。但出乎意料的是,实际并非如此。班戈大学的大卫·凯里博士发现,接近80%职业球员的惯用脚是右脚,20%的职业球员惯用脚是左脚,这和所有人的优势脚比例是一样的。这个数据是凯里博士基于两届世界杯和整个英超赛季中的一些比赛得出的。

由于任何球队中都是右撇子占大多数,也就意味着右撇子球员经常会踢左侧位置。当他们在踢和自己"方向相反"的侧边时,他们需要调整体态,从而让自己在这个位置发挥出最大效果。

一些足球史上最优秀的球员都是左撇子。这里就列出了史上最优秀的5位球员(未按顺序排列)。里面有4位都是左撇子!

五大优秀球员
约翰·克鲁伊夫(荷兰):左撇子
迭戈·马拉多纳(阿根廷):左撇子
利昂内尔·梅西(阿根廷):左撇子
贝利(巴西):右撇子
费伦茨·普斯卡什(匈牙利):左撇子

我们列出来的名单数量很少，可是其中左撇子的比例远高于足球界 20% 的平均水平。或许是因为左撇子球员的数量太少了，所以右撇子球员很难应对他们的技法，又或者是左撇子球员早已习惯在充满右撇子球员的世界中找寻方法，所以他们才会如此成功！

在某些运动中，左撇子会拥有绝对优势。在板球、网球、棒球、击剑和拳击运动中，优秀的职业运动员中左撇子的比例也远高于平均水平。在拳击运动中，左撇子又称"南爪子"。专家认为，左撇子运动员之所以会在上述那些运动中如此成功，是因为他们在比赛中可以起到出其不意的效果，因为右撇子不太有机会和左撇子比拼。

平等用脚

凯里博士的研究还表明,尽管球员在球场上 80% 的时间都会用自己的惯用脚,但当他们用另一只非惯用脚传球时,往往会更成功。他认为这是因为球员只会在比较容易的情况下用非惯用脚,遇到比较困难的传球时,他们还是会用惯用脚。

也有些人的左右两边身体都同样灵活,那种两只手都同样灵活的人被称为**双撇子**,英文是 ambidextrous,源自拉丁文 ambi 表示"两者都",dexter 表示"有利"。

和手一样,也有些人两只脚都同样灵活,英文中将这样的双撇子称为 ambipedal。不过如果某位球员两只脚都同样厉害,我们会称他为**双脚**球员——虽然所有职业球员都有两只脚!据凯里博士统计,1 000 名男性球员中,只有 1 名球员是真正的双脚球员。

西班牙中场圣迪亚戈·卡索拉是一名双脚球员。因为曾经伤了右脚(他的优势脚),所以他大量练习左脚踢球,以至于现在他的两只脚都能用来踢角球——而且他甚至不知道自己哪只脚踢得更好!事实证明卡索拉的这种能力非常重要:另一项关于 3 000 多名球员的研究表明,左撇子球员的薪资只会比右撇子球员略高,但双脚球员的薪资最多可以比右撇子球员高出 15%。

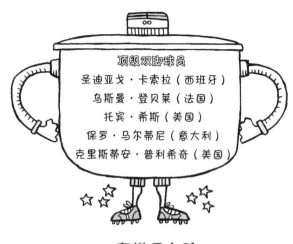

右撇子女孩

我们说过，90%的人类都是右撇子，10%是左撇子。如果我们按男女分别统计就会发现，左撇子在男性人口中的比例是12%，在女性中却只有9%。没有人知道为什么男性会有更多左撇子，但或许是因为和男孩相比，天生左撇子的女孩更有可能在小时候被纠正用手习惯。

这点也适用于球场。凯里博士研究了2011年世界杯决赛和2012年奥运会所有女性球员的数据。他将这套数据和手头男性球员的数据进行对比，发现平均来看，女性球员左撇子的比例更低：

优势脚	球员（女性）	球员（男性）
右脚	87.5%	79.8%
左脚	11.1%	20.1%
双脚	1.3%	0.1%

交叉球员

有些球员的优势手和优势脚是反过来的!这些球员用手时是右撇子,但却惯用左脚:

帕特里斯·埃弗拉(法国)
雨果·洛里斯(法国)
利昂内尔·梅西(阿根廷)
丹尼·罗斯(英格兰)
大卫·席尔瓦(西班牙)

优秀学员

恩切斯克·B·姨椒

"左!右!左!右!"

优秀学员 档案

右手优势:60%
左耳优势:30%
右鼻腔优势:80%
左半边屁股优势:75%
出生地:巴黎左岸
支持球队:布莱顿(英国)
最喜爱的球员:萨米尔·汉达诺维奇
特技:两只脚都很厉害

生物小测验

1. 左撇子拳击手又被称为什么?

a) 北爪子
b) 东爪子
c) 西爪子
d) 南爪子

2. 在什么运动中使用左手是违法的?

a) 高尔夫
b) 马球
c) 羽毛球
d) 挑圆片游戏

3. 哪种动物几乎全是左撇子?

a) 猫鼬
b) 青蛙
c) 袋鼠
d) 狒狒

4. 保罗·马尔蒂尼曾为AC米兰踢过900多场比赛,和球队一起7次赢得意大利甲级联赛冠军,5次赢得欧冠冠军。他是一名双脚球员,以下哪句陈述是真的?

a) 他的一只脚是另一只脚的两倍大
b) 他在整个职业生涯中都踢左后卫
c) 他非常害怕用右脚射球
d) 他进的所有球都是用头进的

5. 在一对双胞胎中,一个人是左撇子,另一个人是右撇子的概率有多大?

a) 0%
b) 20%
c) 50%
d) 100%

| 星期四 | 第三节 + 第四节　数学 |

足球比赛里都是数字。它是一场11人对阵11人的比赛,历时90分钟,比赛双方都要尽可能比对方得更多分。排名表就是数字表格:胜、平、负、比赛数、净胜球数、总得分。正是因为这些数字,亚历克斯才爱上了数学!

不过这只是个开始。足球中充满了**数据**和**统计**,意思是我们可以用数字来描述信息。在一场比赛前,你会听到评论员提供一些球队数据,例如比赛双方之前曾有过多少次交锋,以及哪支队伍赢的次数比较多。一场比赛结束,也会有数据显示两支队伍各自的控球时长,以及球门范围内射门次数等信息。一场数据洪流!一片统计沼泽!

在这堂课上,我们将探究足球数据是如何被收集起来的,并会了解要如何使用这些数据,来让我们更加深入地走进比赛。

开始倒数吧!

高速数据

每场英超比赛开始时,在球场远处的一间小办公室内会有两个人,他们会坐在一排电脑屏幕前,准备将这场比赛转换为数字。

一旦哨声吹响,这两位**数据收集员**就会开始敲打键盘。嗒,嗒,嗒,嗒!如果一名球员碰到球了,他们就会打下他的球衣号码,并从一连串动作列表中记下他对球做了什么,例如"传球"或"传中"。之所以会有两位数据收集员,是因为一个人收集所有信息实在太难了。他们可以分担工作——一个人记录主场球队的数据,另一个人记录客场球队的数据。

数据收集员必须整场比赛都高度集中注意力,只有这样才能抓住每一个细节。不能打喷嚏,也不能挠屁股!除了"传球"和"传中",球场上还有差不多 50 种不同事项需要他们输入。有一些很明显,很容易就能记录,例如"射球""角球""红牌"。但还有一些事情就要具备鹰眼一般的观察力和良好的判断力才能辨别出来，例如"轻触""优秀技巧"和"拦截"。其中一个屏幕上会有球场的航拍图，每次有人踢球，他们就会在屏幕上点击球的位置。

当比赛结束时，收集员会迅速检查是否有错，然后将所有数据发给像电视台和报纸这类公司。接下来他们就终于可以休息了。过去这90分钟已让他们的眼睛、手指和大脑精疲力竭。

收集天赋

收集足球数据之所以是由人类来做，而不是电脑，是因为电脑（目前！）无法很好地完成这项工作。举例来说，如果十几个球员同时去争角球，人类收集员可以根据种种细节，例如球员的面部表情、发型甚至球鞋颜色判断是谁用头顶到了球。但电脑碰到这种情况就只会一头雾水！

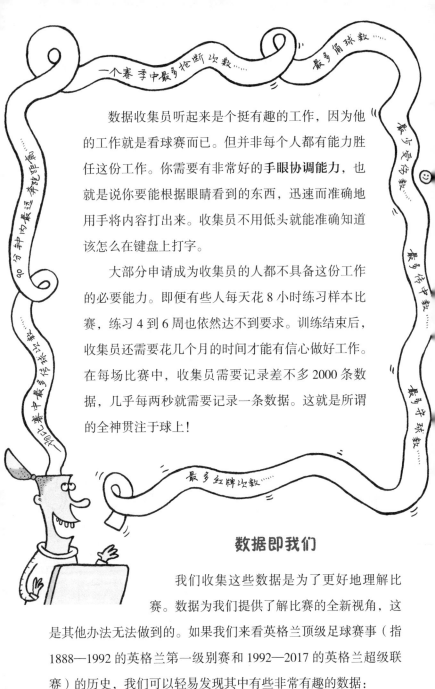

一个赛季中最多抢断次数……
最多角球数……
最少变伤数
最多传中数
最多手球数
最多红牌次数……
一个赛季中最多伤停次数
90分钟内最多违季犯规数

数据收集员听起来是个挺有趣的工作,因为他的工作就是看球赛而已。但并非每个人都有能力胜任这份工作。你需要有非常好的**手眼协调能力**,也就是说你要能根据眼睛看到的东西,迅速而准确地用手将内容打出来。收集员不用低头就能准确知道该怎么在键盘上打字。

大部分申请成为收集员的人都不具备这份工作的必要能力。即便有些人每天花 8 小时练习样本比赛,练习 4 到 6 周也依然达不到要求。训练结束后,收集员还需要花几个月的时间才能有信心做好工作。在每场比赛中,收集员需要记录差不多 2000 条数据,几乎每两秒就需要记录一条数据。这就是所谓的全神贯注于球上!

数据即我们

我们收集这些数据是为了更好地理解比赛。数据为我们提供了解比赛的全新视角,这是其他办法无法做到的。如果我们来看英格兰顶级足球赛事(指 1888—1992 的英格兰第一级别赛和 1992—2017 的英格兰超级联赛)的历史,我们可以轻易发现其中有些非常有趣的数据:

数字比赛

7 球: 1935 年 12 月阿森纳对阵阿斯顿维拉的比赛中,特德·德拉克单人为阿森纳进了 7 球,这依然是英格兰顶级赛事比赛中,球员单场进球最高次数。

0:0: 英超中最常见的比分就是 0:0。

89 分钟: 在常规时长的比赛中,89 分钟是最有可能进球的时刻(排除 45 分钟和 90 分钟的进球,因为这两个时间的进球会包含在伤停补时内)。

168 次传球: 2011 年 12 月曼城对阵斯托克城的比赛中,曼城球员亚亚·图雷一共传球 168 次,这是自 2006 年收集传球数据以来,英超球员做出的最高次数传球。

这就是特德的第 7 个进球!

完美百分比

有时我们需要加点数学,来让这些数据更容易被理解。今天我们要学**百分比**和**平均数**。

百分比是用来形容一个数占一百的多少,这更便于我们来比较不同数字的大小。例如这张图显示了1992—2017的英超赛事中,所有进球都是从球场哪个方位射出的:

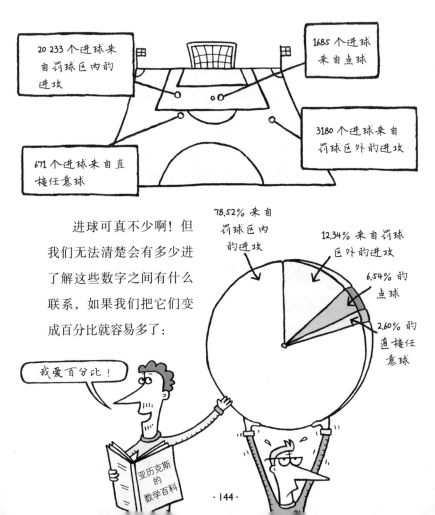

这张饼图内的数字表示，每100个进球中，有将近79个进球是来自罚球区内的进球，差不多12个进球是来自罚球区外的进攻，7个约来自于点球，还有3个来自于直接任意球（取最近似的数值）。100是个易于比较的好数字，这就是为什么百分比可以让数字变得更好懂。

百分比问题

由于本很喜欢点球，所以我们来向他展示一下要怎么计算点球进球的百分比。首先，我们需要计算各种进球的总数，也就是25 769。然后我们用点球进球数除以总进球数，就像这样：

1685÷25769=0.0654

接着我们把这个数字乘以100%：

0.0654×100%=6.54%

这样就算出来了！6.54%的进球是来自点球。计算百分比的方式都是一样的：用代表具体行为的数字（例如某个进球方式的进球数）除以总数（例如进球总数），然后再乘以100%。

有时足球教练会说，他们队"付出了110%"，这说明那些足球教练的数学很差！没有人能得到100%多，因为100%就表示全部了。说一支队伍付出了110%，是用了夸张的手法，为了说明这支队伍付出了自己的全部，甚至做到了自己不可能做到的事情。在足球学校，我们会嘲笑这些教练夸张得还不够。我们要坚持使用111%！

了不起的平均数

有些比赛会没有进球（真差），有些比赛又会有许多进球（好强）。我们可以用数学来计算每场比赛**平均**会有多少进球。

> 平均每场英超比赛的进球是2.64个！

这个数据并不是说每场比赛都会有 2.64 个进球，因为这是不可能的！这个数据的意思是，有时比赛中的进球会比 2.64 少，有时会比 2.64 多，但如果我们把 1992—2017 所有英超比赛放在一起计算，那么一场典型比赛的预估进球数为 2.64。这就是**平均数**。

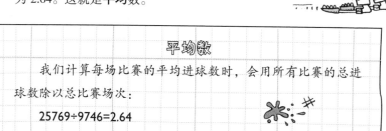

平均数

我们计算每场比赛的平均进球数时，会用所有比赛的总进球数除以总比赛场次：

25769÷9746=2.64

2010 至 2017 每场英超比赛的平均进球数是 2.75，比 1992 至 2017 的数据略高。来比较一下不同赛事的进球平均数吧。你会发现，德国平均每场比赛的进球数要比法国的多出将近半个球。

2010 年 8 月—2017 年	每场比赛平均进球数
德国甲级联赛	2.90
西班牙甲级联赛	2.78
英格兰超级联赛	2.75
意大利甲级联赛	2.67
法国甲级联赛	2.50

主场压制

大部分足球迷都知道，主场作战会有优势，因为球队在自家球场会表现得更好。造成这一现象的原因有很多，例如对球场更熟悉，观众都是支持球迷，还不用长途跋涉赶到场地。数学很棒的一点就是，我们可以用它计算出主场作战究竟比客场好多少。

主场
主场球队平均每场比赛的进球数：　1.53

客场
客场球队平均每场比赛的进球数：　1.12

平均来看，如果球队得分，那么主场球队每场比赛能进1.53个球，客场球队只能进1.12个。而且，球队主场作战会比客场作战多进1.53-1.12=0.41个球。主场优势意味着每场比赛能多进差不多半个球！

命中目标

射门转化率指的是几次射门可以进一次球。我们可以用进球数除以射门总次数来计算这个百分比。这边列出的是 2010—2017 赛季表现最佳的 10 支球队。所有俱乐部的平均射门转化率为 12.91%，这样你能看出来表现最好的球队有多厉害了！

俱乐部	射门转化率（%）
巴塞罗那	22.24
皇家马德里	19.38
莱比锡红牛	19.08
拜仁慕尼黑	18.52
巴黎圣日耳曼	17.82
曼彻斯特城	16.89
曼彻斯特联	16.85
摩纳哥	16.69
多特蒙德	16.62
阿森纳	16.38

最喜爱的乐队：单向组合
最喜爱的书：《第二十二条军规》
最喜爱的冰淇淋：99 雪花
最喜欢的算术：$7 \times 11 \times 13 = 1001$
出生地：意大利文蒂米利亚
支持球队：特文特（荷兰）
最喜爱的球员：迪迪埃·西克斯
特技：联队中最会算除法的

数学小测验

1. "统计"指的是?

   a) 雕像
   b) 数据统计
   c) 钟乳石
   d) 静止的人或物

2. 以下哪种工作需要最优秀的手眼协调能力?

   a) 图书管理员
   b) 教师
   c) 模特
   d) 公交车司机

3. 90分钟的50%是多少?

   a) 45分钟
   b) 50分钟
   c) 90分钟
   d) 110分钟

4. 如果一支球队踢了四场比赛,每场比赛分别进球1个、1个、2个、4个,请问该球队平均每场比赛进球多少个?

   a) 1
   b) 2
   c) 3
   d) 4

5. "大数据"这个词一般指什么?

   a) 肥胖人群的数据
   b) 生长于塞浦路斯的一种大枣
   c) 许多许多数据
   d) 用大写字母写成的数据

星期四　　　　　第五节　心理学

当足球教练就像当老师一样。教练和老师都希望队员或学生能学习、成长、快乐生活和尽全力做到最好。他们也会希望学生能安静听他们讲话,别制造太多混乱,也别在他们背后做鬼脸。

你要知道,老师是有很多种的。有些老师很严格,有些则喜欢说烂笑话,有些会仔细解释一切,有些则会让你自己去思考解决。

学生也有很多种。有些学生会尽快把作业写完,有些则会把作业拖到最后一刻。有些学生讨厌在课上发言,有些则喜欢在课上亮出自己的嗓音。

足球也是如此。足球界有许多不同种类的教练风格,每位球员也都会有自己的特点。教练的一大挑战就是要找一种领导方式,激发出每位球员的最佳状态,并且带领整支球队进步。为了做到这点,教练得要明白怎样才能让每位球员听话:是威吓惩罚比较有用,还是搂住球员的肩膀比较有用呢?

教练并不只是战术家,他们还是**心理学家**,也就是了解人类大脑运作方式的专家。

现在讲台下的你还在认真听讲吗?

你是什么类型的教练？

带领一支球队有许多不同方式。看过以下4位知名教练所采用的方式后，你是否也想起了你最喜欢，或是最不喜欢的老师呢？

1. 拥抱者：尤尔根·克洛普

执教过的球队： 美因茨、多特蒙德、利物浦

利物浦球队在2016年的圣诞派对上的气氛相当低迷，就在前一天，他们刚输给了沃特福德。但是教练尤尔根·克洛普不希望球员这么难过，他告诉所有人，要忘掉那场比赛，享受派对，好好跳舞。他跳上了舞台，逗笑了所有人。这是克洛普鼓舞团队的方式之一。他的幽默让人们都喜欢他——而如果你喜欢某人，你就很可能会愿意为了他而努力！

克洛普会花70%的时间让每个人开心。他相信队伍（TEAM）指的是：Together Everyone Achieves More，就是团结能让每个人做到更好。克洛普经常会在边线大笑，也会经常拥抱队员，以显示自己对他们的关心。科学研究表明，如果一支队伍中的成员经常拥抱或碰触彼此，这支队伍就更有可能成功。哪怕球队输了，克洛普的队员们也可以得到他的拥抱。"情绪是很重要的。"他说。克洛普非常关心队员！

其他拥抱者：
斯拉文·比利奇
安东尼奥·孔蒂
若热·热苏斯
迭戈·西蒙尼

2. 深刻的思想者：何塞普·瓜迪奥拉

执教过的球队： 巴塞罗那、拜仁慕尼黑、曼城

所有教练都希望打败对手。何塞普·瓜迪奥拉会花大量时间看其他球队的影像，找出他们的弱点。朋友说他最多只能休息32分钟不去想足球！

瓜迪奥拉从不畏惧用新方法来赢球。他的一大著名策略就是在执教巴塞罗那时，调换了利昂内尔·梅西的位置，让他成了全世界最优秀的球员之一。同样也是在巴萨，兹拉坦·伊布拉西莫维奇之所以离队，就是因为他和何塞普的理念不合。瓜迪奥拉会定期将后卫换到中场，或让中场进行防守，只要他觉得这样能让队伍表现得更好。

他的球员将他称作完美主义者。他认为踢足球的方式只有一种，那就是尽可能长时间地控球，然后再试图改变。如果队员愿意学习，那么他这位老师就会挑战他们的极限，然后带领他们走向伟大的胜利。

其他思想者：

马塞洛·贝尔萨
毛里西奥·波切蒂诺
豪尔赫·桑保利
托马斯·图赫尔

3. 安静的领导者：卡尔洛·安切洛蒂

执教过的球队： 雷吉亚纳、帕尔玛、尤文图斯、AC 米兰、切尔西、巴黎圣日耳曼、皇家马德里、拜仁慕尼黑

卡尔洛·安切洛蒂以其天生安静和思想开明而闻名。他会经常改变自己的想法，来找出正确方案。他曾在几家全世界最大的俱乐部执教过，而且无论去哪儿，大家都很喜欢他。这相当了不起！

安切洛蒂能有这样的成就，会说许多种语言是他的助力之一。他也是一名成功的足球运动员，赢过 3 次意大利甲级联赛冠军和两次欧洲杯冠军。他踢的是中场，做球员时他也因为默不作声地将事情完成而著名。

他当教练也是类似的风格：他能够适应任何俱乐部的环境，而且能做出成果。一间屋子里，声音最响的那个人并不总是最厉害的；安切洛蒂虽然话不多，声音又轻，但只要他开口了，那些话就值得一听。通常安切洛蒂会让球员决定他们想在比赛中采用什么策略。

他并没有特别偏好的踢球风格。当他在尤文图斯执教时，他调整了球队安排，来适应优秀的法国中场齐内丁·齐达内。他在皇马时也做了很多调整，就为了让前锋克里斯蒂亚诺·罗纳尔多有最好的发挥。这种安静的领导者都是看上去似乎没做什么事，但实际上他们可做了不少。

其他安静的领导：
迪迪埃·德尚
克里斯·休顿
费尔南多·桑托斯
齐内丁·齐达内

4. 老师型教练：阿尔赛纳·温格

执教过的球队： 南锡、摩纳哥、名古屋鲸八、阿森纳

1996年阿尔赛纳·温格被任命为阿森纳教练时，一家报纸曾用过这样的标题《阿尔赛纳是谁？》。随后不久，所有人都清楚认识了阿尔赛纳。这名法国教练迅速带领球队赢得3次英超冠军，其中2003—2004赛季，整支球队一场比赛都没有输。无敌！

温格在阿森纳的成功在足球界引起了很多改变。很多球队追随了他的营养策略：他禁止糖果、巧克力和汽水出现在训练场上。他还在每场训练前为球员引入了日常拉伸课程。他的一些老队员表示，这让他们的职业生涯多延续了好几年。其他球队也不再像之前那么惶恐任命国外教练，或是签下国外球员了。

温格的重要原则就是挑选年轻球员，帮助他们进步。他甚至从不害怕挑选非常年轻的球员。"首先他是一名老师，然后他是一名经理人，最后他才是一名战术家。"一位很了解他的阿森纳球迷说。谈起自己的影响时，温格说："我觉得自己好像在向世界敞开大门。"

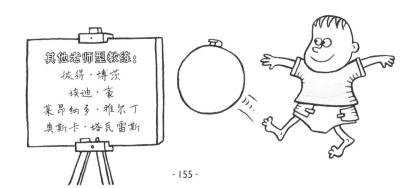

我的名字是凝聚力……
团队凝聚力

好教练总是在找提升团队凝聚力的方式。毕竟如果你能理解并喜欢你的队友，在球场上时或许也会更努力地帮助他们。有教练曾采用过以下几种古怪的方式：

牧羊

埃迪·豪在伯恩利执教时，曾希望让队员去赶羊（你能懂吗？），于是他带着队员去到布里斯托的农场，在那里展开了一场惊奇之旅。所有队员被分成两组，每组需要围住10只羊，并将它们赶到田野中央的围栏里。他原以为这个活动可以很好地训练队员的领导能力和团队协作能力。但他后来承认，当时某些队员让他很恼火。"对我来说，这次活动让我意识到，有些事你是不能让现在的球员做的。"豪说，"牧羊可能就是其中之一。"

天鹅湖

格雷厄姆·波特是厄斯特松德足球俱乐部历史上最成功的教练,厄斯特松德是坐落于瑞典的一家小俱乐部。自从波特2011年加入该俱乐部以来,厄斯特松德就从四级球队一跃成为甲级球队,这多亏了他一些独特的管理方法。每年波特都会让他的队员一起做一个文化项目。有一年他们共同写了一本书。2016年,他们用现代舞表演了1877年《天鹅湖》芭蕾舞剧。"如果你真的想要培养人,那你就得有一些跳出舒适区的经历。"波特说,"作为一个团队,如果我们能明白这一点,我们就能彼此互相帮助。"

翻转比萨

当莱斯特城以未失一球的战绩战胜水晶宫后,莱斯特城的教练克劳迪奥·拉涅利为了奖励队员,带他们去上了一堂做比萨的课程。全队都参加了这项活动,翻转面团,添加自己的配料。"这是我们的团队精神,队员们也都享受训练。"意大利教练拉涅利说,"有一点运气是很重要的。运气就是盐,球迷是番茄——如果没有番茄,就没有比萨。"拉涅利的方法成功了:莱斯特城乘胜追击,赢得了英超冠军。太棒了,克劳迪奥!

宾果

在唐·里维执教的岁月里,利兹联曾两次获得英格兰冠军,分别是1969年和1974年。前利兹联球员立刻在球队里建立了一种团队精神。唐为球员及球员家属准备了许多社交活动,晚上大家一起玩多米诺骨牌和宾果游戏。"我们的团队精神都建立在忠诚上。"中场彼得-洛里默说,"我们为彼此战斗,也为彼此努力。"这是真正的团队协作。(或者如他们在宾果游戏中所说,鸭子和潜水鸭,就是25!)

时间紧迫

足球教练是个非常有权力的工作——但它倒起来也很快。你需要对球队的结果负责，这可能会影响电视报道的数量以及俱乐部赞助费的多少。你还得要保证所有人都充满动力，时刻准备着付出一切努力——不单只有 11 名要参加比赛的队员，还有余下那些没被选上的球员。而且球迷和俱乐部老板也得要喜欢你，这很重要。下列几位教练的执教经历就不太顺利：

教练： 勒罗伊·罗森尼尔
执教时间： 10 分钟
俱乐部 / 年份： 托基联，2007
原因： 他刚被任命，俱乐部就换了新老板，于是他便被辞退了。

教练： 马塞洛·贝尔萨
执教时间： 2 天
俱乐部 / 年份： 拉齐奥，2016
原因： 原本俱乐部答应他会签一些他想要的球员，但后来俱乐部并未守约，所以他便离开了。

教练： 戴夫·巴塞特
执教时间： 4 天
俱乐部 / 年份： 水晶宫，1984
原因： 巴塞特意识到自己更喜欢之前的俱乐部温布尔顿，所以他又回去执教了。

弗格森的人生经验

亚历克斯·弗格森爵士是曼联史上最成功的教练。他曾经说过几条优秀管理的建议,我们都列在了这里。在足球学校,我们认为这些想法都非常好,值得借鉴。

1. 一开始要打好基础
2. 要敢于重建
3. 建立高标准
4. 从不放弃掌控力
5. 具体情境具体分析
6. 为胜利做好准备
7. 依靠观察的力量
8. 永不停止改变

心理学小测验

1. 什么是心理学家？

a）研究人类大脑与行为的专家
b）能预知未来的人
c）能够每场比赛进 3 个球的人
d）能跟着韩国歌手朴载相的歌曲《江南 style》跳舞的专家

2. 什么是完美主义者？

a）一个完美的人
b）喜欢完美人物的人
c）只接受完美的人
d）会发出喵呜声的人

3. 2010 年加拿大创下了最多人参与拥抱的世界纪录，请问当时有多少人参加了这项活动？

a）1055
b）10 554
c）105 554
d）1 554 000

4. 以下哪位教练是拥抱者类型？

a）齐内丁·齐达内
b）安东尼奥·孔蒂
c）埃迪·豪
d）托马斯·图赫尔

5. 为什么阿尔赛纳·温格禁止在训练场出现汽水？

a）因为球员会在比赛时不停打嗝
b）太多糖分对球员不好
c）因为球员会把汽水洒在地上，所以地板总是黏黏的
d）球员们尿太多

课后社团 健康

奶昔吧台

球员的饮食并不只在比赛日很重要,而是整个赛季都很重要。球员会通过吃最健康的食品来保持强健的身体和高水准的能力。在本次课后社团,我们会向你展示一款非常容易在家里准备的健康食品。只要把一些水果和蔬菜扔进搅拌机,就能得到惊喜结果!下面是几种简单的奶昔食谱,足球学校的每个人都喜欢。水果超棒!

在上面放个盖子!

奶昔1:本的宝藏香蕉

香蕉富含各种营养物质,对身体相当之好,例如钾元素会有益于你的心脏,碳水化合物可以为你提供能量,纤维可以促进你的消化。坚果所含的蛋白质则能帮助强健你体内的细胞和肌肉。

配料:1根香蕉、1把核桃、2杯牛奶、1茶匙蜂蜜

还可以加:花生酱、菠萝、可可粉、蓝莓、生姜

有益于:在训练前补充能量
美味指数:1/3

奶昔 2：斯派克的炸弹维生素 C

这款清爽奶昔是由富含维 C 的水果制成。维 C 会在冬天帮你预防感冒，并能增强免疫系统帮助你训练后的身体恢复。你可不会想在射门时还擤鼻涕吧，前面可只有守门员啦！

配料：1 颗西柚（去皮）、1 杯菠萝块、1 杯草莓、半杯酸奶

还可以加：芒果、橙子、猕猴桃、树莓、羽衣甘蓝

有益于：训练后的身体恢复，预防疾病
美味指数：2/3

奶昔 3：亚历克斯的全优牛油果

有些科学家说像蓝莓、牛油果等水果都对大脑很有好处。不管是否有益，这些水果本身也很好吃。亚历克斯很喜欢吃这些水果，这大概是他擅长数学的原因吧！

配料：半个牛油果、1 杯蓝莓、1 杯酸奶、半杯牛奶、半个青柠的汁

还可以加：黑加仑、苹果、甜菜、柠檬

有益于：整体健康
美味指数：3/3

食物注意事项！ 如果你有糖尿病或是对某些食物过敏，还有在切水果和用搅拌机时，一定要先询问大人。

星期五　　第一节－第四节　艺术

① 英文 coat of arms 字面意思是"有很多胳膊的大衣",但还可以表示纹章,另外 arm 还有武器的意思。

每家足球俱乐部都有一个标志。

这个标志,也可以被称为徽章、饰章或徽标,它会出现在队衣上。它具有实用性:可以用来辨别某支球队。但它还有其他用处。徽章的形状、颜色,以及上面的字都反映了这家俱乐部的历史和价值,似乎关于这家俱乐部的一切都被注进了徽章里,这就是许多球员进球后都喜欢亲吻徽章的原因之一。

足球学校的徽章上有两个18码罚球区、一个足球、一本书和一颗金色星星。我们认为这些东西可以代表足球学院的很多面——这个地方是为了快乐,为了足球,为了学习与成长,还有为了闪闪发光的每个人而存在的!

许多俱乐部的徽章是受到了**纹章**的启发,纹章是历史上军队、城镇、富裕家族和贸易公司所用的标志。在这堂课上,你将会学习如何创造一个纹章。这个纹章就可以展现你是谁。如果你未来会有自己的足球队,那么它也可以称为你们球队的徽章。

来,拿上我们的大衣吧!

及时记录

在开始设计纹章前,我们先来关注一下纹章到底是什么,以及它是从哪儿来的。

1066年,由威廉一世率领入侵的诺曼人军队在黑斯廷斯战役中打败了英格兰军队。当时还没有相机,所以为了记录这项胜利,人们在一块70米长的大布上进行刺绣,展现战役中的不同场景,例如英格兰哈罗德国王被一支箭射中眼睛,最终身亡。

啊!这块巨大的布现在被称为巴约挂毯。

这件挂毯让我们难得可以了解当时士兵的穿着,以及他们所使用的装备。我们还能从中发现,一些士兵所用的盾牌上会有某些显眼的特别图案。例如有些盾牌上的图案是十字架,有些则是只动物。历史学家认为,军队之所以会在盾牌上绘制这些标志,是为了让士兵迅速分清敌友——当你身处战役中时,这东西显然很有用!由于几乎没有士兵识字,所以也就没必要在盾牌上写字了。

后来因为这些军事标志会出现在盔甲外的束腰外衣上,所以人们就将它称为"穿在武器外的大衣",也就是英文中的 coats of arms,中文翻译为纹章。而设计和使用纹章的一系列规则又被称为纹章学。

听听纹章学

黑斯廷斯战役结束几百年后,一些有钱有权的人们开始学习士兵用纹章的作风,将纹章作为他们自己家族的象征。随后,城镇和国家也开始效仿,把纹章作为自己的标志。

接下来就轮到足球的加入了。1875年,布莱克本成为英格兰历史上第一支在球衣上绘制徽章的球队。这支球队的标志是马耳他十字,就是左边旗子上的图案。他们把这个标志绣在了球衣的左胸处。这个十字图案是个与骑士相关的标志,图案中共有八个角,每个角都代表着一种特殊的品质:诚实、忠诚、忏悔、谦逊、公正、仁慈、诚挚和勇敢。流浪者的队员要思考的东西可不少!

还有一些俱乐部直接采用了当地议会的纹章。以诺茨郡俱乐部为例,他们1877年开始在球衣上绘制徽章,采用的是诺丁汉城的饰章——三个王冠的中央有个简陋的十字架。这可能是因为诺茨郡队的队员主要由诺丁汉上层阶级组成,他们中的许多人都加入了学校的橄榄球队,而橄榄球队的队服上也有类似的图案。

他很擅长处理传中球!

标志的含义

物品	象征意义
苹果	快乐
月桂树叶	诗人
葡萄	真理
手	信仰
橄榄树枝	和平
贝壳	旅行者
剑	公正

纹章有些特别的组成部分。通常它会有一个**盾牌**，然后会有两只动物支撑着这个盾牌，我们将这两只动物称为**盾牌支持者**。除此之外，纹章上还会有一则短短的文字，被称为**箴言**。这个盾牌可以是任何你喜欢的形状或颜色，也可以装饰不同物品。那两只动物也可以是任何你喜欢的动物——甚至传说中的神兽都行。

不过通常纹章上的物品、颜色和动物都会代表某些特别含义。例如苹果代表快乐，狮子代表勇气，蓝色代表忠诚。在纹章

颜色	象征意义
蓝色	忠诚
金色	慷慨
绿色	希望
橙色	抱负
紫色	高贵
白色	和平

上使用某些象征物，就是在向人们展示你非常看重哪些能力与品质，也表现出了你是一个怎样的人。

我们在这一页中展现了一些纹章上会出现的东西及其含义。下面这些物品和象征意义则是我们特别为今天准备的：

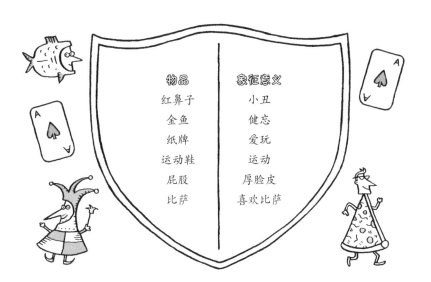

箴言真有趣!

纹章的另一个重要组成部分就是箴言。箴言是一个小短语，总结了你的信仰或是你的生活方式。下面是亚历克斯和本的箴言：

> 亚历克斯：
>
> FAMILIA + NUMERI × ROTAE = GAUDIUM
>
> （家人 + 数学 × 车轮 = 幸福）
>
> 本：FAMILIA, RISUS ET PIZZA
>
> （家人，笑声和比萨）

你可以用自己喜欢的语言写箴言，但许多人会选择古罗马用的拉丁语，现在已经没人说这种语言了。剑桥大学的玛丽·比尔德教授说，拉丁语是箴言的完美选择，因为相较于英语，拉丁语看上去更短、更富有生机，听起来也更聪明。比尔德教授说她们系总是会收到慈善团体和体育俱乐部的请求，请她们帮忙把英文短语翻译成拉丁语。一些足球俱乐部的纹章上仍然会使用拉丁语箴言。伯里的拉丁箴言是 Arte et Labore，意思是"能力与努力"。（"努力"在拉丁语中有好几种说法！）下一页中列出的那些俱乐部之前也曾在纹章上使用拉丁箴言，但近些年已经将它删掉了：

*小心那只狗

俱乐部	拉丁箴言	翻译
阿森纳	Victoria Concordia Crescit	以和谐获胜
曼城	Superbia in Proelio	战场上的骄傲
谢菲尔德星期三	Consilio et Animis	智慧与勇气
托特纳姆热刺	Audere est Facere	敢作敢为

绝妙箴言

下面列出了我们最喜欢的一些俱乐部的箴言：

俱乐部：阿桑特科托科（加纳）
箴言：Kum Apem A, Apem Beba（阿散蒂语）
意思：杀敌一千，前方还有更多敌人

俱乐部：女王公园（苏格兰）
箴言：Laudere Causa Laudendi（拉丁语）
意思：为踢球而踢球

俱乐部：巴塞罗那（西班牙）
箴言：Més que un club（加泰罗尼亚语）
意思：不只是一家俱乐部

俱乐部：利物浦（英格兰）
箴言：You'll Never Walk Alone
意思：你永远不会独行

俱乐部：里斯本竞技（葡萄牙）
箴言：Esforço, Dedicação, Devoção, Glória（葡萄牙语）
意思：努力、奉献、忠诚、荣誉

大纹章

这里展示了一些世界各地非常帅气的足球纹章,不过我们把它们改成了我们的版本,希望能让你在制作自己的纹章时得到一些启发。

桑普多利亚(意大利): 桑普多利亚的盾章上绘有一位叫作巴琪奇亚的老水手,他也被称为 lupo di mare(大海之狼)。他的嘴里叼着一个烟斗。之所以会是这样的图案,那是因为桑普多利亚位于意大利最大的港口城市——热那亚。

波希米亚人(捷克共和国): 波希米亚人的徽章上有绿色的袋鼠,那是因为他们1927年访问澳大利亚时,曾在回国前被赠予了两只袋鼠。不过我们不认为那两只袋鼠是绿色的!

阿贾克斯(荷兰): 阿贾克斯的徽章上绘有一位古希腊英雄——阿贾克斯,他是一名能力高超的战士。他由11条独立曲线绘制而成,代表了球队里的11名球员。

瓦伦西亚（西班牙）：由于这个西班牙城市的纹章上有一只蝙蝠，所以当地的足球俱乐部在设计徽章时也加入了蝙蝠。这只蝙蝠张开双翼，罩住了整块盾章的边缘。

根特（比利时）：根特俱乐部之所以被称为水牛队，那是因为1895年，曾有一位名叫水牛比尔的美国人带着自己的马戏团来到比利时，马戏表演时所有观众都在高喊"水牛，水牛！"，这个词随后就流传开来。不久，球迷在根特比赛时也都高喊"水牛"，于是根特便得到了这个名字。

也别忘了我们两个的纹章哦：

适用条款与条件

如果你喜欢自己的纹章，或许你会希望得到官方认证。英国国王将认证纹章的权力赋予了纹章院，这个官方机构会对你的个人纹章征收约 6000 英镑的认证费用。不过纹章院告诉我们，没有任何一家职业足球俱乐部申请过纹章认证。"所以实际上他们使用的纹章都是不合法的。"他们说。真是顽皮！

年龄（用拉丁语数字表示）：XII

大衣数量：8

手臂数量：2

奥托·莫托的乐透数字：46、12、18、23、31、6

出生地：英格兰南西尔兹

支持球队：比勒费尔德（德国）

最喜爱的球员：塞巴斯蒂安·科茨

特技：温柔地说拉丁语

艺术小测验

1. 如果一个纹章要得到官方认证，你需要找谁？

   a) 纹章大学
   b) 纹章院
   c) 胳膊即我们
   d) 麦克阿姆菲斯军队

2. 拉丁短语 Magnus frater spectat te 是什么意思？

   a) 麦格纳斯戴眼镜的时候放屁了
   b) 老大哥在看着你
   c) 你需要照顾麦格纳斯的兄弟
   d) 麦格纳斯的兄弟在看着你

3. 利物浦俱乐部徽章上有哪种传说中的动物？

   a) 利物鸟
   b) 龙
   c) 独角兽
   d) 大脚野人

4. 哪间阿根廷俱乐部的红黑徽章上有缩写字母 N.O.B.，而且利昂内尔·梅西正是在那里开启了自己的职业生涯？

   a) 努埃瓦奥林匹克梭鱼
   b) 永不组织生日会
   c) 内乌肯奥林普棕
   d) 纽维尔斯老男孩

5. 意大利罗马队的徽章上有什么图案？

   a) 角斗士卡西乌斯·马克西姆斯在斗兽场中奋战
   b) 一匹母狼在喂罗慕路斯和雷穆斯吃奶
   c) 一群鸽子
   d) 一位士兵踢正步前进

星期五　　第五节　商业研究

① 原文"Because we knead it"中的 knead 表示揉面团,与表示需要的 need 发音相同。

赚钱的确很难,但有时花钱才是最难的。

例如本想要买一双新运动鞋,尽管他口袋里有钱,但他无法决定要买哪双。他的脑中充满了各种问题:

本必须要确定对自己来说,运动鞋最重要的是什么,然后再将他的认知与商店里运动鞋的价格相互比较。他得要确定,自己想要的那双鞋是否值这个价。这将花他很长很长时间!

我们每次购物的时候也会经历同样的过程,不管是买运动鞋,还是买糖果、玩具或汽车。我们会问自己:这个东西值这么多钱吗?

今天我们要讨论的是买卖球员。我们会了解俱乐部如何决定要签下哪位球员,而一旦他们做出决定后,又会如何执行。

下单吗?

价格合适

假如你要买1品脱牛奶（约473毫升），你会很清楚自己能得到什么：1品脱牛奶而已。你很清楚这家店的牛奶和那家店的牛奶是一样的。你知道自己得在保质期前把牛奶喝完，否则它就会变质。你还知道所有牛奶的价格都是差不多的。

但足球运动员和牛奶可不一样。所有球员都是不同的，他们都价值不同额度的金钱。这里列出了决定球员身价的几大因素：

国际地位：如果某位球员为国家出征，那么他就值更多钱。如果一位球员曾经被选入国家队，就说明他属于最优秀的球员行列，因此他也会更贵。

年龄：20几岁的球员会更贵，因为这个年纪是他们的最佳状态。随着年纪增长，速度很快的球员也可能会逐渐慢下来。

位置：通常前锋会更贵，那是因为他们的进球会直接决定比赛输赢。我们很难判断守门员的实际价值，所以他们通常会是最便宜的球员。

明星地位：有时俱乐部不仅仅会考虑球员表现，还会考虑球员的名气大小。一位极具人格魅力的明星球员可以提高球队的效益，也就表示俱乐部可以在商业和赞助费上赚更多钱。公司会花很多钱将自己和明星捆绑。因此，明星球员通常会有更高的价格。

国籍：英超规定，每支球队的 25 名球员中，至少要有 8 位来自本国。所以俱乐部为了招揽英格兰最优秀的球员，不得不使出浑身解数，也就使得这些球员的身价水涨船高。另外，国家的足球文化底蕴深厚与否也会对球员身价有影响，例如来自巴西或阿根廷的球员，通常会比来自马耳他或津巴布韦的球员价格更高。因为如果队伍里有巴西球员或阿根廷球员，这支队伍就会更加引人注意。

复杂的合同

足球运动员之所以和牛奶不同，还有一个原因是买 1 品脱牛奶是件简单直接的事情。你付完钱就可以拿到牛奶，然后它将永远属于你（直到你把它尿出体外）。

但俱乐部要买下一位足球运动员，这个过程可复杂得多。首先，一家俱乐部不能永远拥有一名球员。他们只能买球员一段时间，具体时间会写在**合同**上。合同是一张纸，上面列有本次购买所需符合的各项条款和条件。球员和俱乐部都必须在合同上**签字**，这就是为什么在描述球员加入某个俱乐部时，我们会用"签"这个字，我们会说他签下了哪家俱乐部，或是哪家俱乐部签下了这位球员。

一家俱乐部在签一位顶级球员时，他们会试图尽可能签很长时间，来防止竞争对手把球员买走。球员在合同末期的价格一般会比合同初期或中期低得多，因为在合同末期，原有的俱乐部很快就不会再拥有这位球员，因此球员这时转会就不会得到任何收益。

高风险生意

球员是个高风险商品。你永远不知道一位球员能否适应新团队。球员会由于以下原因无法适应新球队:

- 思念家人
- 被告知不同的战术要求
- 不会说当地语言
- 不喜欢住在新家
- 觉得天气太冷 / 太热
- 受伤
- 频繁参加派对

不过签下一位昂贵的球员,有时也能得到回报。皇马在克里斯蒂亚诺·罗纳尔多身上花了8000万英镑,真是一笔巨款,但球迷从未抱怨过他对球队的贡献。他曾帮球队赢了两次西甲冠军和三次欧冠冠军,并以400枚进球打破了历史进球纪录。而且他曾获过4次金球奖,这个奖项嘉奖的是全球最优秀的球员。他甚至可以说是物美价廉了!

全球最昂贵的球员

球员	年份	从	转去	金额(英镑)
保罗·博格巴	2016	尤文图斯	曼联	8900万
加雷思·贝尔	2013	托特纳姆热刺	皇马	8600万
克里斯蒂亚诺·罗纳尔多	2009	曼联	皇马	8000万
冈萨洛·伊瓜因	2016	那不勒斯	尤文图斯	7500万
路易斯·苏亚雷斯	2014	利物浦	巴萨	6500万

如何实现转会

球员从一家俱乐部转去另一家俱乐部的过程叫作**转会**，通常是前者卖出球员，后者买入球员。这个过程会有几个阶段：

1. 搜寻

一家俱乐部在找新球员时，他们会列出一份名单，然后根据位置、年龄、速度、身高、能力、预算和可发展潜力等因素进行考量，排出最想要的10位球员，接着开始从他们的第一意愿开始联系。

2. 问询

如果一家俱乐部对某位处于合同期内的球员感兴趣，他们要先征得该球员目前所在俱乐部的书面同意，然后才能和球员交涉。大部分球员都会有**经纪人**，他们的职责就是负责管理球员的商业事务。通常有意向的俱乐部会和第一意愿球员的经纪人取得联系，如果球员愿意考虑转会，他们会再正式与球员联系。

3. 协商

两家俱乐部的高级主管会通过邮件、短信或面对面交流的方式，共同协商出一个价格。转会的过程可能会在这个阶段终止，因为不同的俱乐部会对球员有不同的估价。同时双方还要讨论付款方式：俱乐部可能会预先支付所有款项，但大多数都会采用**分期付款**的方式，有时会分期好多年。

4. 个人条款与条件

直到球员和新俱乐部双方形成了纸质合同,这桩生意才算敲定了。合同里会包括该球员要为球队效力多久,球员每月薪资,以及根据比赛表现、进球个数和所获奖项而形成的任何额外奖励。购入球员的俱乐部同样也会让律师在合同里写下**条款**细节,例如如果球队降级,他们有权降低球员薪资。

5. 体检

在交易完成前,购入球员的俱乐部会为球员进行一次详细体检,以确保没有任何未知疾病。体检会花两天时间,球员身体各个部位都会被仔细检验。体检包括全面的心脏扫描,以及会影响身体灵活性的下背部和骨盆关节的检查。守门员还要额外检查他们的肩膀、手肘和手腕。有些俱乐部甚至会加入视力和听力检查。

亚历克斯,我说过,有些俱乐部甚至会包括视力和听力检查!

你能念出来吗

6. 最终确认

一旦所有细节都在英格兰足球总会登记成功,这次转会就完成了。而对外国球员来说,转会细节得要登入国际足联转会匹配系统的数据库。在这种情况下,国际足联会发布国际转会证书(International Transfer Certificate),简称ITC。

请再多给一勺!

有时转会的费用不一定是钱。

装满冰激凌的冰箱
休·麦勒纳罕,从斯托克港到曼联(1927)

出售方斯托克港俱乐部为了缓解资金困难,不得不举办筹款活动。时任曼联助理教练的路易斯·洛卡家中是经营冰激凌生意的,便给斯托克港送去了两个装满冰激凌的冰箱,换来了麦勒纳罕这个后卫。麦勒纳罕为曼联踢了100多场比赛,甚至还当了一段时间曼联队长。这交易真是"冻"死人了!

和球员一样重的鲜虾
肯尼斯·克里斯滕森,从文德布嘉特到弗罗伊(2002)

多好的买卖啊!挪威丙级球队弗罗伊想从对手文德布嘉特那边签下这位前锋,文德布嘉特决定转会费就是一堆总重量和球员体重一样的鲜虾。"虾"闹啊!

30套田径服
扎特·奈特,从拉歇尔奥林匹克到富勒姆(1999)

富勒姆真的靠奈特赚了不少钱,他们没有支付任何费用,就从非联赛球队拉歇尔奥林匹克的手上买来了这位球员。为了表示感谢,富勒姆老板穆罕默德·法耶德给拉歇尔奥林匹克寄去了30套田径服。最后奈特被选入了英格兰队,而且以350万英镑的高价转入阿斯顿维拉。只好希望那些田径服还不错啦!

让人疑惑的条款

有些合同上的条款非常奇怪：

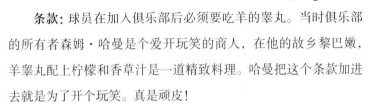

球员：斯宾塞·皮里尔

俱乐部：卡迪夫城

条款：球员在加入俱乐部后必须要吃羊的睾丸。当时俱乐部的所有者森姆·哈曼是个爱开玩笑的商人，在他的故乡黎巴嫩，羊睾丸配上柠檬和香草汁是一道精致料理。哈曼把这个条款加进去就是为了开个玩笑。真是顽皮！

球员：马里奥·巴洛特里

俱乐部：利物浦

条款：这位意大利前锋以在球场上行为不当而著名，所以合同规定，如果他在整个赛季中被驱逐离场的次数少于4次，且没有冲任何一位对手吐口水，那么他就能得到奖励。不过无论如何他也不该做那些事！后来他努力克制了自己的行为。他的奖励是什么？100万英镑！

球员：丹尼斯·博格坎普

俱乐部：阿森纳

条款：博格坎普坚持要求加上一则条款：他永远不需要坐飞机去客场踢比赛，因为他非常害怕坐飞机。

球员: 斯特凡·施瓦茨

俱乐部: 桑德兰

条款: 不允许飞入太空。由于他的经纪人是最早一批报名进入太空的飞行乘客,所以购入球员的俱乐部担心经纪人会带着这位瑞典中场一起去。不过这件事从未发生过,而且施瓦茨还因此获得了"太空人"这个外号。

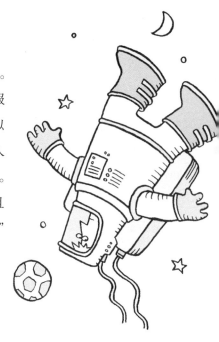

商业研究小测验

1. 在转会市场上,通常哪个位置的球员价格最低?

   a) 守门员
   b) 后卫
   c) 中场
   d) 前锋

2. 挪威后卫斯蒂格·因格·布约内比在20世纪90年代为利物浦效力时,合同禁止他做以下哪件事?

   a) 跳台滑雪
   b) 钓鳟鱼
   c) 画画
   d) 进球得分

3. ITC 表示什么意思?

   a) 强烈的转会困惑
   b) 疯狂的转会合同
   c) 即刻转会条款
   d) 国际转会证书

4. 水晶宫在2016年签下了哪位球员,以至于前锋克里斯蒂安·本特克非常开心?

   a) 他的叔叔史蒂夫·曼丹达
   b) 他最好的朋友马蒂厄·弗拉米尼
   c) 他的兄弟若纳唐·本特克
   d) 他的英雄安德罗斯·汤森德

5. 2017年1月,阿森纳从第七级别联赛球队汉德尼斯佛签下左后卫科恩·布拉莫尔,请问这位球员在此之前是做什么的?

   a) 汽车厂的工人
   b) 幸运饼干作者
   c) 健身房私教
   d) 狗狗冲浪的教练

课后社团 恢复

打盹时刻

本周即将结束,所以现在该奖赏自己来好好休息休息了。球员需要睡眠和恢复时间,这样才能展现自己的最佳状态:他们必须要有一定的睡眠时长,而且要确保自己能在比赛间恰当休息。这次课后社团全是关于如何休息的——但你得要先打起精神,才能明白该怎么休息。

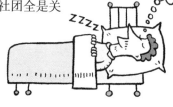

本之"笔(Pen)"其实是禅(zen)

休息1:保持黑暗和凉爽

睡前90分钟,也就是一场足球赛的时间,请关掉所有电子产品——手机、平板、电脑!确保你的卧室里尽可能暗,而且温度要保持凉爽。

有益于:第二天达到巅峰水平

恢复指数:1/4

休息2:肌肉之爱

做这项活动你得要躺在床上。深呼吸,将你的脚和脚趾绷紧几秒钟,然后缓慢吐气放松。将你的小腿肌肉绷紧几秒,放松,然后慢慢向身体上部移动:依次放松你的大腿、屁股、下背部、胸部、上背部、手和胳膊。

有益于:消除肌肉的紧绷

恢复指数:2/4

休息3：设想一下

首先，思考一样你非常非常想要的东西。可能是进学校足球队，或是在作业中拿个好分数，甚至也可以是烤个蛋糕。接着，再思考要想达到目标，你得要经过哪些步骤。关注每一个步骤在你脑中形成的画面。像这样进行具象化练习，也就是将自己要走的每个步骤变成画面，有时能真的帮你实现目标！

有益于：减少焦虑，关注实现目标需要历经的步骤

恢复指数：3/4

休息4：

4-7-8小窍门

专家认为，这种瑜伽练习可以让你在一分钟之内睡着！将舌尖抵住你的门牙，保持这个姿势。然后合上你的嘴，静静地用鼻子吸气，持续4秒钟。接着屏息7秒钟，缓缓用嘴巴吐气，持续8秒钟。重复3次。你可以通过两个月的练习完全掌握这套方法，不过那时你肯定立刻就能睡着了！

有益于：放松身体，保持镇静

恢复指数：4/4

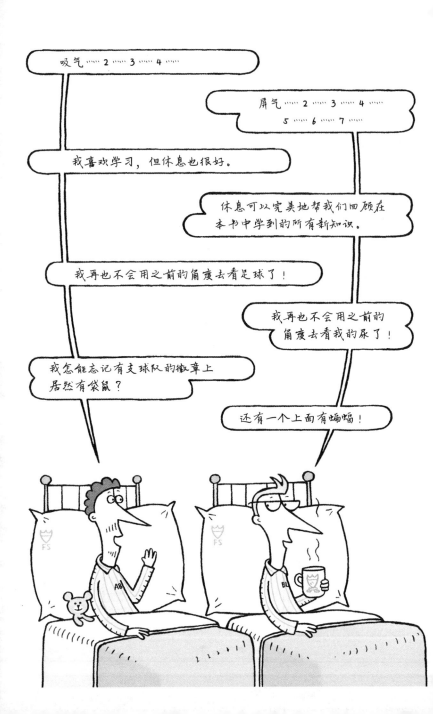

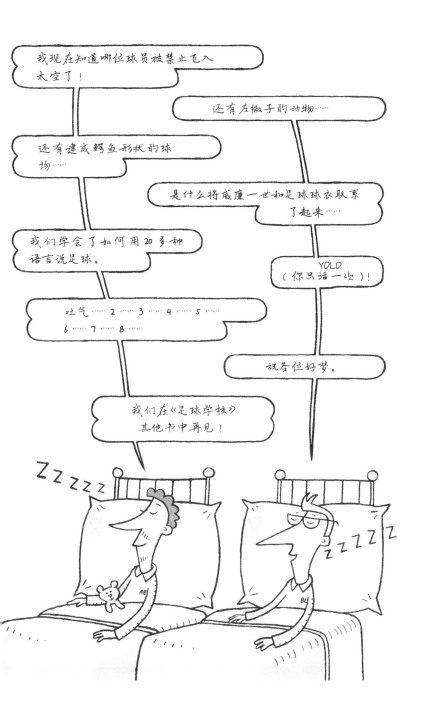

小测验答案

个人健康与社会教育
1. d
2. b
3. a
4. a
5. b

影视研究
1. b
2. a
3. b
4. d
5. b

心理学
1. a
2. c
3. b
4. b
5. b

现代语言
1. b
2. c
3. c
4. a
5. c

设计与技术
1. d
2. d
3. b
4. c
5. c

艺术
1. b
2. b
3. a
4. d
5. b

物理
1. d
2. c
3. c
4. a
5. c

写作
1. a
2. c
3. b
4. a
5. c

商业研究
1. a
2. a
3. d
4. c
5. a

历史
1. b
2. d
3. a
4. a
5. d

生物
1. d
2. b
3. c
4. b
5. b

地理
1. b
2. d
3. d
4. a
5. b

数学
1. b
2. d
3. a
4. b
5. c

致　谢

本次足球学校的最佳球员是插画师斯派克·格雷尔。每当他开始绘画，就总能得分！

沃克出版社的团队才华横溢、能力非凡。我们非常感谢队长黛西·DJ·杰利科，以及每一位团队成员：丹尼斯·约翰斯通、伯特、路易丝·杰克逊、劳蕾尔·巴津、珍妮·比什、西蒙·阿姆斯特朗、亚历克斯·斯皮尔斯、罗西·克劳利和柯尔斯滕·科曾斯。

同样要感谢詹克洛·内斯比特一流的幕后团队，丽贝卡·卡特、丽贝卡·福兰德和柯蒂·戈登，以及大卫·勒克斯顿公司的工作人员，大卫·勒克斯顿、丽贝卡·温菲尔德和尼克·沃尔特斯。

我们想要感谢以下人士所付出的时间，以及他们所贡献的专业知识：罗马·阿格拉瓦尔、邓肯·亚历山大、马库斯·阿尔维斯、安东尼·贝尔博士、杰克·贝茨、卢卡·比尔博士、查理·布鲁克斯、马斯·布尔海姆、大卫·凯里博士、米克·查佩尔博士、彼得·奇普斯、里斯·考特尼、米歇尔·德·胡克、温克·德·帕特、塔拉斯·多林斯基、戴夫·法拉尔、卡罗琳·费德曼、丹尼尔·吉伊、曼林·吉尔、杰玛·戈登、马特·格雷斯、乔纳森·哈丁、马丁·希瑟、亚历克斯·霍利加、拉斐尔·霍尼斯坦、加里·休斯、保罗·伊博森博士、实川元子、乌尔·喀拉库鲁促、塞尔吉奥·克里斯南、克里斯托弗·拉什、约翰·莱德维奇、罗尼·莱曼、伊恩·利南、凯伦·麦克斯韦、克里斯·麦克马纳斯教授、史蒂夫·麦克纳利、本·米勒、斯代迪公司的迈克·墨菲、文卡特·那拉米利、本·奥克利、彼得·奥当、拉斐尔·奥尔特加、阿曼达·奥维恩、劳伦·皮尔森、蒂姆·里夫斯、埃姆雷·萨利古尔、伊奥尼卡·斯梅茨、哈利·斯特普斯、史蒂芬·希曼斯基教授、本杰明·汤普斯特、大卫·温纳、妮娅·温·托马斯、麦克·扎克尼。特别要感谢奥普塔提供了数学课中的所有数据。

恭喜我们的优秀学员：奥斯卡·奥尔巴赫、托马斯·埃尔克斯、哈里·麦卡利斯特、弗洛拉·普里托·平尼、罗克·托马斯·阿姆斯特朗和卡斯·耶希尔。

本希望感谢安妮，感谢她的启发和支持，还要感谢克莱米和比比，他们不仅让他的生活充满欢笑，还帮他验证了书中的笑话确实有趣。

亚历克斯想感谢娜塔莉，她是这个家的明星球员，他还想感谢扎克和巴纳比给予了他来自团队的拥抱。

关于你的教练们

亚历克斯·贝洛斯会为《卫报》撰写与数学相关的文章。他出版过两本科普书《亚历克斯的数字王国历险记》和《亚历克斯透过望远镜看见了什么》，以及一本数学涂色书《雪花贝壳星》。他的著作《足球：巴西人的生活方式》入围了当年年度体育图书奖。除此之外，他还为贝利写了一本畅销的自传。

本·利特尔顿是一位足球专栏作家、足球节目评论员和足球咨询师。他是《十二码：完美点球的艺术与心理学》的作者。他所撰写的关于足球的文章已在20多个国家发表，同时他也是一家帮助球队提高成绩的足球咨询公司 Soccernomics（经济足球）的负责人之一。

还有你的插画师：

斯派克·格雷尔从小就喜欢画画和踢足球。作为一名插画师，他现在可以通过画画谋生。不过他内心还是一直希望成为一名中场球员的。